La Revue
dans les deux Mondes

EN DEUX ACTES

PAR

Le Marquis Philippe de MASSA

Vice-Président du Cercle

PARIS

LIBRAIRIE LÉOPOLD CERF

12, rue Sainte-Anne, 12

M DCCCC V

LA REVUE

DANS LES DEUX MONDES

REPRÉSENTÉE A PARIS

SUR LE THÉATRE DU CERCLE DE L'UNION ARTISTIQUE

les 6 et 8 juin 1905

Imprimé à 150 exemplaires

Mˡˡᵉ PIÉRAT
de la Comédie Française

CERCLE DE L'UNION ARTISTIQUE

LA REVUE
DANS LES DEUX MONDES

EN DEUX ACTES

PAR

Le Marquis Philippe de MASSA

Vice-Président du Cercle

PARIS

LIBRAIRIE LÉOPOLD CERF

12, rue Sainte-Anne, 12

M DCCCC V

ACTE I

PERSONNAGES

DE L'ACTE I

Ariel . . . . Mlle PIÉRAT, sociétaire de la Comédie-Française.

Le roi Louis XIV . . . . M. Guillaume SABATIER.

Molière. . . . . M. le Marquis DE MONTFERRIER.

Mlle de la Vallière. . . . . Mlle GARRICK, de la Comédie-Française.

Voltaire. . . . . M. le Comte DE MEFFRAY.

Ninon de Lenclos. . . . . Mlle Andrée SAUVAGET.

D'Artagnan. . . . . M. le Comte AUBARET.

Athos. . . . . M. le baron DUBRETON.

Porthos. . . . . M. Jacques THORAILLER.

Aramis . . . . M. PELOU.

Napoléon Ier . . . . M. Léon-Henri LAMBERT.

Trois grenadiers de la Vieille Garde. } MM. Jacques FAURE, Eugène et Pierre CARTIER.

Un aide de camp . . . . M. TARDIT.

Un facteur céleste. . . . . Mlle MAÏA.

BALLET

La Reine des Sylphides. . . . . . . Mlle ZAMBELLI.

SYLPHIDES :

Mlles BEAUVAIS.	Mlles G. COUAT.
BARRIER.	L. COUAT.
BILLON.	M. ROUVIER.
KLEIN.	LOUPPE.

ACTE I

SCÈNE PREMIÈRE

ARIEL, planant sur un nuage.

Qui je suis ? Un génie, un immatériel
Un habitant de l'air, d'où mon nom : Ariel.
Ailé comme Mercure, en secret je me glisse
De l'un à l'autre monde au gré de mon caprice
Pour apporter au ciel des nouvelles d'en bas,
Mais réciproquement, ça, je ne le peux pas !
Donc c'est ici le lieu nommé Champs-Élysées
Qu'éclairent des lueurs doucement tamisées,
Où les rayons ardents, ni les brouillards épais,
Ni l'âpre vent du Nord ne pénètrent jamais.
C'est le séjour posthume entrevu par Virgile
Où des ombres de choix errent d'un pas agile ;
La planète inconnue où trônent sans remords
Chacun selon ses goûts, vos plus illustres morts.
Ils y causent entre eux des choses de la terre :
Napoléon y fait un cours d'art militaire,

Et devant Wellington, son trop heureux rival,
Critique vertement la guerre du Transvaal.
Le Roi Louis XIV y dîne avec Molière ;
Le Curé de Meudon y lit son bréviaire ;
Boisrobert et Scarron y font assaut d'esprit ;
Sévigné se délecte aux lettres qu'elle écrit
Et Ninon de Lenclos éternellement belle
Trouble encor ses amants du feu de sa prunelle.
Tout le Grand Siècle est là, dont les divers acteurs
S'expriment sur le vôtre en termes peu flatteurs !
Mazarin, vieux routier d'affaires étrangères,
Y traite Delcassé d'étranger aux affaires ;
Jean Bart bourre sa pipe, et d'un geste épatant,
Montre à Colbert le cas qu'il fait de Pelletan,
Et cœtera, j'en passe encore et des meilleures
Y compris, sans chercher midi à quatorze heures,
Ce qu'aurait répondu, toujours bien inspiré,
Le général Cambronne au général André....
Tous ces nobles défunts, âmes compatissantes,
Déplorent à l'envi vos misères présentes.
Quelques-uns vont paraître et tour à tour, à point,
Fournir à la Revue un précieux appoint.
Investis un moment du rôle de compères,
Eux que le sort fit vivre en des temps plus prospères,
Vous diront qu'en ce monde ouvert à l'infini
On pénètre à la fois meilleur et rajeuni.
Dès lors avec respect je leur cède la place
Et de même qu'on chante au début de Paillasse :
            « Vous verrez quel parti

L'auteur a su tirer d'un sujet peu folâtre
Allons, place au théâtre ! »
(Le nuage disparaît peu à peu et fait place à un jardin du
domaine céleste.)

SCÈNE II

LE ROI LOUIS XIV, MOLIÈRE, en costume d'Alceste.

LE ROI.

Arrêtons-nous ici, Molière, c'est la partie des
jardins réservée aux grands hommes de l'histoire
de France ; nous y serons plus à l'aise pour éviter
les fâcheux.

MOLIÈRE.

Les fâcheux, Sire ? Est-ce que Votre Majesté
aurait l'intention de me commander une nouvelle
étude sur ceux dont les ombres poursuivent les
nôtres jusqu'ici ?

LE ROI.

Pas pour l'instant, Molière ; je voulais simple-
ment vous demander si vous avez récemment reçu
des nouvelles de la Comédie-Française, de votre
Illustre Maison, comme on l'appelle à juste titre ?

MOLIÈRE.

J'en ai reçu d'excellentes, Sire. Elle vient de
faire une brillante reprise du *Misanthrope*, avec
une nouvelle sociétaire dans le rôle de Célimène.

LE ROI.

Un rôle que vous avez spécialement écrit pour votre infidèle Armande, mon pauvre Molière !

MOLIÈRE.

Hélas ! oui, Sire !

LE ROI.

Oh ! les femmes, Molière, les femmes !...

AIR DE « la Périchole ».

J'ai fait, dans mon pouvoir suprême
Bâtir le plus beau des palais,
Pris le soleil pour mon emblème
Et fait trembler les hommes, mais
    Les femmes (*bis*)
    Il n'y a qu'çà,
Tant que le monde durera
Et même encor dans l'au-delà
    Les femmes (*bis*),
    Il n'y aura qu'çà !...

MOLIÈRE.

Votre Majesté n'a pas eu à s'en plaindre, assurément.

LE ROI.

Je suis obligé d'en convenir...

AIR PRÉCÉDENT.

Après la douce La Vallière
Montespan obtint le pompon,
Eh bien ! figurez-vous, Molière,
Que même avec la Maintenon
    Les femmes, etc. (*bis*).

LE ROI.

Mais revenons au *Misanthrope*. Comment s'appelle-t-elle, votre nouvelle Célimène?

MOLIÈRE.

Elle s'appelle Sorel.

LE ROI.

Agnès?

MOLIÈRE.

Pardon, Sire, Cécile.

LE ROI.

Tant pis. Agnès aurait mieux fait sur l'affiche. A-t-elle eu du succès?

MOLIÈRE.

D'après les comptes rendus que Claretie m'a fait parvenir par la voie... lactée, elle a eu une très bonne presse... surtout dans le *Gaulois*, un journal très royaliste...

LE ROI.

Aussi royaliste que moi?

MOLIÈRE.

Encore plus, Sire!

LE ROI.

Peste! Mais dites-moi un peu. Vous savez combien je me suis toujours intéressé à la Comédie-Française! Est-il vrai qu'elle vous néglige un peu pour verser dans la nouvelle école?

MOLIÈRE.

Dans l'école réaliste? Cela est le plus vrai du

monde, Sire, mais il faut bien attirer le public, et rue de Richelieu comme ailleurs, les affaires sont les affaires...

LE ROI.

Je comprends...

AIR DE « Joconde ».

Si la maison que j'aime
Adopte un nouveau thème
C'est que pour émarger
Il faut savoir changer.
Mais, quand même infidèle,
Vous reviendra la belle (*bis*)
Comme on revient toujours
A ses premières amours.

MOLIÈRE.

Votre Majesté a une jolie voix.

LE ROI.

C'est ce que disait Lulli. Vous aussi, Molière, vous avez une jolie voix...

MOLIÈRE.

Une voix de grand comique, Sire !... une voix à la Coquelin.

LE ROI.

A la Poquelin, vous voulez dire ?

MOLIÈRE.

Pardon, à la Coquelin. Il y en a même deux : le cadet, qui dit des monologues, et l'aîné qui vient de faire bâtir un hôtel pour les vieux comédiens...

LE ROI.

Comme moi, l'Hôtel des Invalides ! Mais à propos, Molière, avez-vous songé au ballet des Sylphes, que je vous ai commandé pour me procurer quelque distraction ici comme à Versailles ?

MOLIÈRE.

On est en train de le répéter...

LE ROI.

Allez donc y mettre la dernière main. J'en veux offrir la primeur à Mᶥᶥᵉ de La Vallière, à qui j'ai donné rendez-vous ici...

MOLIÈRE.

Ah ! Ah ! Sire, un revenez-y ?

LE ROI.

Peut-être. Son ombre a l'air de bouder la mienne...

MOLIÈRE.

Et cela vous donne une envie folle de vous en rapprocher ?

LE ROI.

Comme vous connaissez le cœur humain, Molière !

MOLIÈRE.

On le dit... Mais je vais me hâter, car il ne faut pas que Votre Majesté puisse dire qu'elle a failli attendre. (Il sort.)

SCÈNE III

LE ROI, *puis* LA VALLIÈRE.

LE ROI, regardant sa montre.

Il est l'heure passée, ça y est, j'attends... Non, j'aperçois sa fine silhouette qui se dirige de ce côté. Chose étrange, ici, elle ne boîte plus du tout...

LA VALLIÈRE.

Vous m'avez fait demander, Sire, et c'est toujours avec le même profond respect que je me rends à vos ordres...

LE ROI.

Je rends hommage à votre douceur et à votre obéissance, Louise ; j'en parlais encore à Molière, il n'y a qu'un instant ; mais comme vous semblez à dessein éviter avec moi toute rencontre...

LA VALLIÈRE.

Moi, Sire ?

LE ROI.

Oui, vous.

AIR DU « Petit Duc ».

Jadis, je vous ai fait grand peine
En vous quittant avec fracas
Pour la maîtresse plus hautaine
Qui certes ne vous valait pas !
Mais ici, qu'on s'améliore,

Me rappelant vos doux aveux,
Ma conduite je la déplore
Et c'est pour çà que je m'en veux !

Et vous?

LA VALLIÈRE.

Pourquoi vous en voudrais-je, Sire? Quand c'est vous, au contraire, qui avez daigné jeter les yeux sur une simple demoiselle d'honneur de la Reine, éblouie de votre éclat...

LE ROI.

Raison de plus pour me reprocher mon abandon cruel en faveur d'une rivale que vous avez dû haïr...

LA VALLIÈRE.

Haïr, moi?... Je n'ai jamais su que pardonner et prier.

LE ROI.

Quel cœur vous aviez, Louise ! Et véritablement vous ne regrettez rien ?

LA VALLIÈRE.

Rien, Sire.

LE ROI.

Pas même quelques-uns de ces brillants divertissements organisés en votre honneur, et dont il me plairait de vous donner encore une fois l'illusion...

LA VALLIÈRE.

Ceux-là moins que le reste, car je sais trop où ils m'ont conduite !

Le Roi.

A vous retirer au couvent des Carmélites ? Actuellement, vous ne le pourriez même plus ; on vient de les expulser.

La Vallière.

On aurait commis ce sacrilège ?

Le Roi.

Celui-là et bien d'autres ! Mais voyons ! N'avez-vous pas suffisamment expié nos péchés de jeunesse et pourquoi continuer à me fuir ici comme une ombre... que vous êtes ? Pourquoi ? Dites ?

La Vallière.

Pourquoi ? Hélas !

Air du « Petit Duc ».

L'aveu que je voudrais vous taire
Me cause un trouble sans pareil
Car vous avez été sur terre
Mon roi, mon maître et mon soleil !
Quand nos amours venaient d'éclore
Telle j'étais, telle je suis :
Je sens que je vous aime encore
Et c'est pour çà que je vous fuis !

(Elle sort.)

Le Roi, seul.

Quelle constance dans l'amour ! Ce n'est pas une ombre, c'est un ange !

SCÈNE IV

LE ROI, VOLTAIRE.

LE ROI.
Mais qui vient là? Un démon, peut-être ?

VOLTAIRE, sans voir le Roi.
Je chante ce héros qui régna sur la France
Et par droit de conquête et par droit de naissance.

LE ROI, à part.
Au contraire, c'est un flatteur. (Haut) C'est sans
doute à moi que ce discours s'adresse ?

VOLTAIRE.
Pardon. C'est au Roi Henri IV ; à celui qui a
promulgué l'Édit de Nantes et non pas à celui qui
l'a révoqué...

LE ROI.
Une pareille insolence envers le souverain que
j'ai été. Qui donc étiez-vous, pour m'oser répondre
ainsi ?

VOLTAIRE.
Mon nom ?

AIR « Bouton de rose ».

Toute la terre
Le connaît bien, mais ce nom-là
Vous mettrait si fort en colère
Et causerait un tel éclat
Que vieux *vaut le taire !*

LE ROI.

Voltaire, j'ai compris. En effet, j'aurais dû m'en douter à votre sourire sardonique.

VOLTAIRE.

Et même hideux, comme a dit Musset. Mais c'est un poète, il exagère.

LE ROI.

Eh bien, monsieur, réjouissez-vous de n'avoir pas eu affaire à moi, car moi vivant, vous ne seriez jamais sorti de la Bastille, ce qui en aurait probablement retardé la démolition...

VOLTAIRE.

Croyez-vous ?...

LE ROI.

Et peut-être aussi la Révolution, dont vous avez été un des premiers agents.

VOLTAIRE.

Moi et Rousseau.

LE ROI, souriant.

Rousseau ? Waldeck ?

VOLTAIRE.

Mais non ! Rousseau, Jean-Jacques, l'auteur d'*Émile*...

LE ROI, souriant encore plus.

D'Emile Loubet ?

VOLTAIRE.

Ah ! bon ! Le Roi daigne s'abaisser jusqu'à plaisanter avec moi. S'il en est ainsi, nous ne sommes

pas éloignés de nous entendre, comme je me suis
entendu avec le grand Frédéric...

LE ROI.

Et avec la Reine de Prusse...

VOLTAIRE.

Ah ! Vous savez...

LE ROI.

Tout, même les vers que vous avez osé lui
adresser et dont l'écho est venu jusqu'ici :

« Parfois au plus grossier mensonge
Se mêle un peu de vérité...

VOLTAIRE.

Cette nuit dans l'erreur d'un songe
Au rang des rois j'étais monté.
Je vous aimais, Madame, et j'osais vous le dire.

LE ROI.

Les dieux à mon réveil ne m'ont pas tout ôté
Je n'ai perdu que mon empire ! »

VOLTAIRE.

N'est-ce pas du dernier galant ?

LE ROI.

Sans doute. Mais avouez que de la part d'un
révolutionnaire...

VOLTAIRE.

Ah ! Révolutionnaire ! révolutionnaire ! Nous
sommes tous comme ça en vieillissant.

LE ROI.

Soit, mais Jeanne Darc, Monsieur. Votre poème
sur la Grande Française ?

VOLTAIRE.

D'abord, c'est un péché de jeunesse que j'ai plusieurs fois désavoué et qui, malheureusement, a fait école, depuis que tout récemment un professeur a cru s'inspirer de moi en déflorant la Grande Française devant des écoliers.

AIR « Soldat français né d'obscurs laboureurs ».

Un pédagogue avide de renom
En insultant cette noble martyre
A mérité la réprobation
D'un peuple entier qui l'aime et qui l'admire.
Et s'il est vrai qu'un invincible amour
Ait pénétré dans son âme aguerrie,
Cet amour-là, je le dis, sans détour,
Ce fut en elle et jusqu'au dernier jour,
L'amour sacré de la Patrie !

LE ROI.

A la bonne heure.

VOLTAIRE.

Et quant à moi, si par miracle il m'était donné de redescendre un instant sur la terre, ce serait pour faire amende honorable au pied de sa statue...

LE ROI.

C'est la grâce que je vous souhaite, et puisqu'après quelques mots d'aigreur, nos ombres ont fini par trouver un sujet de conciliation...

VOLTAIRE.

C'est que décidément c'est encore ici le meilleur des mondes. Sans adieu, Sire.

LE ROI.

Allez en paix, Arouët, et que l'éternité vous soit légère ! (Voltaire sort.) Cette conversation avec l'ombre d'un pareil homme pourrait sembler bizarre, mais du moment qu'il a frayé avec le grand Frédéric, je ne pouvais pas faire moins que celui-ci... (Apercevant Molière.) Ah ! Vous voici de retour, Molière ?

SCÈNE V

LE ROI, MOLIÈRE, *puis* NINON.

MOLIÈRE.

Oui, Sire, on est en train d'accorder les violons, et dans un instant le divertissement pourra commencer.

LE ROI.

Bien. Puisque La Vallière s'en défend, nous en ferons honneur à la première jolie femme, je veux dire à la première jolie ombre que nous rencontrerons...

NINON, apercevant le Roi.

Oh ! le Roi...

(Elle fait une révérence.)

LE ROI, saluant.

Qui est-ce ?

MOLIÈRE.

Ninon de Lenclos, Sire.

LE ROI.

J'aurais dû la reconnaître à son éternelle jeunesse. Ne craignez pas d'approcher, Madame ! Madame .. ou Mademoiselle ?

NINON.

Comme il plaira à Votre Majesté...

LE ROI.

C'est-à-dire ni oui, *ni non*. On voit que vous vous êtes beaucoup frottée à des gens d'esprit...

NINON.

D'aussi près qu'il est possible, Sire, pendant plus de soixante ans.

LE ROI.

Assurément on ne le dirait pas...

NINON.

C'est pourtant l'exacte vérité.

AIR DE « La Roussotte ».

Pour les compter les amoureux,
Il faudrait citer par centaines,
Des financiers luxurieux,
Des magistrats, des capitaines !
Le cardinal de Richelieu
Eut la fleur de mon innocence,
Et de l'amour j'appris le jeu
Dans les bras de Son Eminence !
Il s'en cachait avec grand soin,
Obligé de paraître austère...
Mais cela remonte si loin,
    Si loin,
Qu'il n'est plus besoin de le taire.

LE ROI.

Il est certain qu'une bonne fortune avec un homme d'Etat comme celui-là avait de quoi satisfaire votre amour-propre.

NINON.

Sans doute, Sire... J'en aurais cependant rêvé une autre bien flatteuse encore...

LE ROI.

Vraiment, laquelle ?

NINON.

Puisque Votre Majesté l'ordonne...

AIR PRÉCÉDENT.

J'étais déjà d'âge accompli
Sire, au début de votre règne
Et mon salon comme mon lit
Aux plus grands noms servait d'enseigne.
J'en ai conservé le recueil
Que jour par jour on peut relire,
Et ce qui manque à mon orgueil
A présent, je peux bien le dire !
C'est que Vous seul, vous n'ayez point,
Sire, couché sur l'inventaire...
Mais tout ça remonte si loin
Qu'il n'est plus besoin de le taire.

MOLIÈRE.

Ah ! qu'en termes galants ces choses-là sont dites !

LE ROI.

En effet, cet aveu tardif ne saurait me déplaire...
Malheureusement, je ne suis plus que l'ombre de
moi-même, mais faute de mieux je vous convie à

prendre part à l'intermède que Molière va nous servir tout à l'heure.

MOLIÈRE.

Compris !

(Il sort.)

NINON.

A moi, Sire, un pareil honneur !

LE ROI.

Oh ! dans le royaume des Ombres, l'étiquette n'est pas absolument de rigueur comme au Louvre.

SCÈNE VI

LES MÊMES, D'ARTAGNAN.

D'ARTAGNAN, saluant.

Sire...

LE ROI.

Ah ! C'est vous, d'Artagnan.

D'ARTAGNAN.

Oui Sire, un des trois mousquetaires.

NINON.

Deux cent cinquante ans après !

D'ARTAGNAN.

Il est vrai, mais je n'en ai pas moins ma fiche posthume au Grand-Orient, comme les camarades :

D'Artagnan, cadet de Gascogne,
Contemporain de Cyrano,

Un royaliste sans vergogne
Qui tapait sur le populo.
Assez de ces reîtres à poigne,
Et conspuons jusque là-haut
D'Artagnan, cadet de Gascogne,
Contemporain de Cyrano.

La voilà ma fiche.

LE ROI.

Elle est tout à votre honneur. Mais je ne vois pas vos camarades...

D'ARTAGNAN.

Ils sont de garde avec moi, et si Votre Majesté veut les passer en revue...

LE ROI.

Avec plaisir... en présence de Madame.

NINON.

Je suis de plus en plus confuse.

(D'Artagnan est allé au fond du théâtre et se place en tête de la colonne formée par les trois Mousquetaires qui entrent et défilent sur l'air des Mousquetaires de la Petite Bohème.)

SCÈNE VII

LES PRÉCÉDENTS, ATHOS, PORTHOS, ARAMIS.

LE ROI.

Rappelez-moi vos noms, Messieurs !

3

ATHOS.

Athos... Autrement dit le Comte de La Fère.

LE ROI.

Je sais. Vous avez eu un fils de la duchesse de Chevreuse.

ATHOS.

Oui, Sire... Le vicomte de Bragelonne.

LE ROI.

Charmant jeune homme.

PORTHOS, se nommant.

Porthos, autrement dit le baron du Valon, de Bracieux, de Pierrefonds.

LE ROI.

Je sais, une fine lame. Pas d'enfants?

PORTHOS.

Pardon Sire, un peu partout... en garnison... avec des bourgeoises.

ARAMIS, se nommant.

Aramis, autrement dit le chevalier d'Herblay.

LE ROI.

Je sais... Entré dans les ordres. Belle allure, Messieurs, belle allure! Cependant un dernier mot. Pourquoi dit-on toujours : les trois mousquetaires, puisque vous étiez quatre?

PORTHOS.

C'est parce que chacun de nous en valait trois, Sire.

LE ROI.

C'est juste. Demeurez, Messieurs, pour faire

honneur à notre personne et vous, d'Artagnan, dites-nous maintenant ce qu'il y a pour mon service.

D'ARTAGNAN.

Sire, c'est une lettre
Qu'en vos royales mains on m'a dit de remettre.

LE ROI.

De la part de qui ?

D'ARTAGNAN.

De la part de la marquise de Sévigné !

LE ROI.

Une lettre de la grande épistolière, c'est toujours un régal de gourmet. Lisez-nous cela, belle Ninon...

NINON.

Encore un pareil honneur à moi...

AIR DE « La Lettre à Métella ».

Veuillez m'excuser, Sire
Si mon besoin d'écrire
Cherche en tous lieux un nouvel aliment,
Mais grâce à l'ordinaire
Qui nous vient de la terre
Par Ariel je me tiens au courant.
La France hélas ! bat partout la campagne
Depuis qu'elle a banni la Royauté,
Excepté dans notre chère Bretagne
Où votre règne est toujours regretté.
Trente ans de République
Ont coûté sans réplique
Cent fois plus cher que Votre Majesté

Et le peuple qu'on leurre
Fournit l'assiette au beurre
Sans que lui-même en ait jamais goûté.
Un parlement, que la haine dévore,
Est devenu l'unique souverain,
Et plût à Dieu, que vous puissiez encore
Y pénétrer votre fouet à la main !
L'adultère au théâtre,
Au public idolâtre,
Est tous les jours allègrement prôné,
Mais je n'ose en médire,
Car l'adultère, Sire,
Ce n'est pas ce qui vous aura gêné !
Sans renier pourtant toutes vos gloires,
Paris, du moins, fait preuve de bon goût
Car il paraît que Place des Victoires,
Votre statue est encore debout.
Daignez m'excuser, Sire,
Si le besoin d'écrire
Survit encor dans mon ombre imprégné,
Mais cette ombre immortelle
Est celle qui s'appelle
La Marquise de Sévigné !

LE ROI.

Voilà qui est fort bien dit. N'est-il pas vrai, Madame ?

NINON.

Assurément, Sire... Il y a bien à propos de l'adultère une légère allusion à vos enfants naturels.

LE ROI.

Ça n'a aucune importance, puisque je les ai légitimés (Musique à l'orchestre). Mais voici le prélude du ballet. Rangez-vous, Messieurs, et nous, Madame, prenons place sur ce banc de verdure.

(Le Roi et Ninon assis. D'Artagnan et les Mousquetaires derrière eux.)

SCÈNE VIII

BALLET DES SYLPHES.

(A la fin du ballet, l'orchestre joue la sonnerie AU DRAPEAU.)

SCÈNE IX

LE ROI, NINON (toujours assis) LES TROIS MOUSQUETAIRES ET D'ARTAGNAN.

LE ROI.

Quelle est cette musique militaire ?

D'ARTAGNAN.

C'est la parade, Sire, la parade des Grenadiers de Sa Garde que passe tous les jours l'Ombre de Napoléon Ier.

LE ROI.

Vous voulez dire l'Ombre de l'Usurpateur...

D'ARTAGNAN.

C'est vrai, mais ici, on l'appelle généralement...

3.

SCÈNE X

LES MÊMES, TROIS GRENADIERS de la Vieille Garde, puis NAPOLÉON Iᵉʳ, UN AIDE DE CAMP.

L'Aide de Camp, au fond, au milieu.

L'Empereur !

D'Artagnan.

Je ne le lui fais pas dire !

L'Aide de Camp.

Portez armes ! Présentez armes !

(L'orchestre bat aux champs. Les trois grenadiers se placent derrière l'aide de camp.)

Napoléon, entre, passe devant les Grenadiers qui présentent les armes, les salue, puis s'arrête et se retourne vers le plus à sa portée :

Grenadier, trois pas en avant. Combien d'années de service ?

Le Grenadier.

Vingt-cinq.

Napoléon.

Combien de campagnes ?

Le Grenadier.

Vingt-quatre.

Napoléon.

Combien de blessures ?

LE GRENADIER.

Quatorze.

NAPOLÉON.

Tué à quelle bataille?

LE GRENADIER.

A Waterloo...

NAPOLÉON.

Je te connais. Tu t'appelais Benoit.

LE GRENADIER.

Jean-Marie, oui mon Empereur.

NAPOLÉON.

C'est bien. Je suis content de toi. Approche ton oreille que je la pince.

LE GRENADIER.

Pas moyen, les deux sont restées gelées à la Bérésina.

NAPOLÉON.

Alors c'est différent. Grenadiers, en place, repos. (Redescendant.) On n'en fera plus des gaillards comme ceux-là.

D'ARTAGNAN, à part.

Je crois bien, avec le service de deux ans.

NAPOLÉON, apercevant Louis XIV, à part.

Ah! Ah! Le roi Louis XIV. Il est plus ancien que moi. Je lui dois des égards. (Saluant.) Je vous salue, Sire.

LE ROI, se levant.

Je vous rends la pareille, général, mais à ce titre seulement.

NAPOLÉON.

Comme il vous plaira. J'ai traîné assez de rois à ma suite pour me passer de leur appellation...

LE ROI, avec colère.

Napoléon Buonaparte...

NAPOLÉON, avec hauteur.

Louis de Bourbon...

(Les grenadiers croisent la baïonnette, d'Artagnan et les Mousquetaires s'avancent, chacun comme pour défendre son souverain.)

NINON, s'interposant.

Bas les armes, Messieurs. Vous oubliez qu'il y a eu entre vos deux souverains un trait d'union que rien ne peut détruire... L'amour et la grandeur de la France !

(S'adressant tour à tour à chacun des deux monarques :)

AIR DE « Barbe-Bleue »
(V'là-z-encor de drôles de princesses.)

L'un dans les fastes de l'Histoire,
A régné par droit souverain
Et divin.
L'autre sacré par la Victoire,
Fut par le peuple fasciné,
Couronné,
Il a sa gloire et vous la vôtre,
Pourquoi (*bis*) dans un meilleur accord
Ne pas fraterniser l'un l'autre
Tous deux si grands après la mort !

LE ROI.

Il est vrai que si nos héritiers pouvaient s'unir...

NAPOLÉON.

Les choses ne tarderaient pas à changer de face
là-bas.

NINON.

Seulement où en sont-elles, ces choses ?

(Coup de trompe.)

MOLIÈRE, entrant.

Nous allons le savoir par Ariel dont ce coup de
trompe annonce le retour.

SCÈNE XI

LES MÊMES, ARIEL, arrivant par le fond suivi d'UN
FACTEUR CÉLESTE porteur de journaux. VOL-
TAIRE rentre en scène.

ARIEL.

Vous demandez quelles sont les dernières nouvelles ?

AIR : « Voici les chameaux » (*Petite Femme de Loth*)

Voici les journaux, les derniers parus,
Arrivés d'en-bas par courrier extraordinaire,
Car en leur absence on ne saurait plus,
Dans votre atmosphère,
Ce qui se passe sur la terre...
Voici les journaux, les derniers parus,
Arrivés d'en-bas par courrier extraordinaire,
Car en leur absence on ne saurait plus,
Chez vos descendants les événements survenus

Tous.

Voici les journaux, les derniers parus,
Arrivés d'en-bas par courrier extraordinaire,
Car en leur absence on ne saurait plus,
Chez nos descendants les événements survenus.

Ariel, distribuant.

Pour le roi Louis XIV, *le Soleil.*

Le Roi.

Nec pluribus impar…

Ariel.

Pour l'Empereur Napoléon, *le Petit Caporal.*

Napoléon.

C'est un titre, je pense, à n'en pas vouloir d'autres.

Ariel.

Pour M. de Voltaire, *le Temps,* pour Molière,
l'Entr'acte, pour le capitaine d'Artagnan, *le Moni-
teur de l'Armée,* et pour ces vieux braves, *la Croix.*

Ninon.

Et pour moi?

Ariel.

Le *New-York Herald…*

Napoléon.

Un journal anglais, Pitt et Cobourg !

Ariel.

Pardon, Sire…

Air des « Châteaux en Espagne » (*La Palisse*).

C'est une feuille américaine,
Qui colporte dans tous pays

Par sa chronique ultra-mondaine,
Tout ce qui se fait à Paris.

Elle annonce comme prochaine,
Une revue à l'Épatant,
Genre inconnu dans ce domaine,
Mais dont voici le boniment :

Ce sont des rondeaux que l'on chante,
Sur les motifs les plus connus,
Tant bien que mal et tant et plus,
Oui, ce sont des rondeaux que l'on chante.

TOUS.

Ce sont des rondeaux que l'on chante
Etc...

NINON.

Eh bien, en quoi cela nous regarde-t-il ?

ARIEL.

Attendez ! (Lisant.) « Cette revue a cela de parti-
» culier que le premier acte se passe dans l'autre
» monde... » c'est-à-dire dans celui-ci.

MOLIÈRE.

Comme mon prologue d'Amphitryon.

ARIEL, continuant à lire.

« Tous les rôles sont distribués excepté les deux
» principaux pour lesquels on demande un com-
» père d'infiniment d'esprit et une commère idéa-
» lement belle. »

LE ROI.

Un compère d'infiniment d'esprit, il me semble
que M. de Voltaire est tout indiqué...

VOLTAIRE.

Moi ?

LE ROI.

N'avez-vous pas dit que vous reviendriez volontiers un instant sur la terre?...

VOLTAIRE.

Soit, mais si on me reconnaît ?

ARIEL.

A quoi ?

VOLTAIRE.

A ma statue, au coin du quai.

ARIEL.

Il n'y a aucun danger. Bien maquillé, tout le monde vous prendra pour Baron des Variétés... Quant à une commère idéalement belle... (Il désigne Ninon.)

NINON.

Moi? Mais si on me reconnaît?

ARIEL.

A quoi ?

NINON.

A mes portraits...

ARIEL.

Il n'y a pas de danger. Bien ondulée, tout le monde vous prendra pour la Cavalieri.

VOLTAIRE.

Eh bien, soit, mais à une condition, c'est que quand nous en aurons assez, on nous ramènera ici.

ARIEL.

Entendu. Aller et retour. C'est le même prix.

(Il donne un coup de trompe, un ballon descend du cintre
au milieu de la scène.)

VOLTAIRE.

Une montgolfière ?

ARIEL.

Pardon. Une aéromobile de la Compagnie inter-
sidérale des Ballons-lits. Vous y trouverez tout ce
qu'il faut pour changer de costumes.

NINON.

Et nos rôles ?

ARIEL.

Vous les apprendrez en route. Allons, les voyageurs pour la Terre, en ballon !

MOLIÈRE.

Alors, bon voyage...

(Voltaire et Ninon se placent dans la nacelle.)

NAPOLÉON.

Puisqu'ils doivent revenir, inutile de leur re-
nouveler mes adieux de Fontainebleau...

LE ROI.

Ou de leur rappeler que ma Grandeur me retient
au rivage...

ARIEL, devant la nacelle.

Nous y sommes ?

AIR DE « Mercure » (*Orphée aux Enfers*).

Hé hop ! Hé hop ! Comme Mercure,
Le ballon va prendre son vol,

Et sans la moindre déchirure,
Atteindra bientôt l'autre sol.

Tous.

Hé hop ! Hé hop ! Comme Mercure,
Le ballon va prendre son vol,
Et sans la moindre déchirure,
Atterrira sur l'autre sol.

Ariel.

Traversant le monde stellaire,
Dans son record vertigineux,
Il n'aura pas comme sur terre
La crainte d'éclater ses pneus.
Personne n'étant sur la piste,
Il n'aura pas l'occasion
De voir le moindre agent cycliste
Lui dresser contravention.
Hé hop ! Hé hop ! Comme Mercure,
Le ballon va prendre son vol,
Et sans la moindre déchirure,
Atterrira sur l'autre sol.

(Parlé :) Lâchez tout !

(Le ballon s'élève, et, sur la ritournelle de l'air précédent,
tous agitent leur mouchoir en signe d'adieu.
Ariel s'envole dans les airs.)

RIDEAU.

ACTE II

PERSONNAGES

DE L'ACTE II

Marronnier. . . . . M. Jacques THORAILLER.
Gerouville. . . . . M. le Marquis DE MONTFERRIER.
Du Blaireau. . . . . M. le Comte AUBARET.
Mlle X. . . . . Mlle Marguerite DEVAL.
Un Commissaire du Théâtre . . . . M. Albert OUDET.
La Commère . . . . Mlle Andrée SAUVAGET.
Le Compère. . . . . M. le Comte DE MEFFRAY.
M. Jacques Faure. . . . . M. Jacques FAURE.
Un Facteur. . . . . M. LA BONNARDIÈRE.
M. Pipelet . . . . M. Henri MARTELL.
Une Danseuse. . . . . Mlle SIRÈDE.

Cinq Vénérables . . . . MM. Léon-Henri LAMBERT.
CLOUÉ DES PERRUCHES.
P. CARTIER.
FURCY-RAYNAUD.
NIVIÈRE.

La Dame Noire . . . . Mlle BÉRYL.
Un Invalide. . . . . M. le Docteur MÉNIÈRE.
L'Étoile. . . . . Mlle PIÉRAT.
Première Académicienne . . . . . . Mlle GARRICK.
Deuxième Académicienne. . . . . . . Mlle FONTENEY.
La Femme adultère. . . . . Mlle Marie-Louise DERVAL.
Le Mari trompé. . . . . M. Jacques THORAILLER.
L'Amant . . . . M. le Marquis DE MONTFERRIER.
L'Enfant . . . . Mlle MAÏA.
La Chanson parisienne . . . . Mlle Marguerite DEVAL.
Le Chanteur américain . . . . . . Miss CAMPTON.
Sigurd . . . . M. GUIRAND DE SCEVOLA.
Siegfried . . . . M. Guillaume SABATIER.
Brunehild. . . . . Mlle FONTENEY.

ACTE II

Le théâtre représente le jardin du Cercle et une partie de la
terrasse, avec les chaises, ainsi que le bosquet qui masque l'esca-
lier par où l'on descend à la petite porte qui s'ouvre sur l'avenue
Gabriel. Au lever du rideau plusieurs membres du Cercle se
promènent, ou sont assis lisant des journaux, pendant qu'au-
dehors s'achève la revue du café-concert des Ambassadeurs,
dont on entend les derniers accents.

SCÈNE PREMIÈRE

MARRONNIER, assis et lisant, GÉROUVILLE et
plusieurs autres MEMBRES du CERCLE comme il est
dit ci-dessus.

(L'orchestre joue la fin du quadrille qu'on est censé danser à
côté ; les applaudissements en soulignent la fin, suivis de
la sonnerie de la retraite qui d'habitude accompagne la sortie
du public des cafés-concerts.)

SCÈNE II

LES PRÉCÉDENTS, DU BLAIREAU.

Du BLAIREAU, entrant.
Finie la revue des Ambassadeurs.

GÉROUVILLE.

Déjà ?

DU BLAIREAU.

Oui, et c'est dommage, car elle est tordante !

GÉROUVILLE.

Vous l'avez donc vue?

DU BLAIREAU.

Non, mais je l'ai entendue d'un bout à l'autre, beaucoup mieux que nous n'entendrons tout à l'heure, la revue du Cercle dans la salle des fêtes.

MARRONNIER, interrompant sa lecture.

Je crois bien ! La voix des acteurs arrive à peine au quatrième rang des spectateurs, et encore !...

GÉROUVILLE.

Oui, mais vous ne savez donc pas l'innovation ?

MARRONNIER.

Non, mais quelle qu'elle soit, je m'en défie...

DU BLAIREAU.

Dites tout de même, Gérouville.

GÉROUVILLE.

Eh bien, voilà. Pour obvier au défaut de l'acoustique et surtout... oh ! surtout pour ne pas déranger les joueurs de leurs habitudes, on a décidé que cette année la revue serait jouée en plein air, comme aux Ambassadeurs.

DU BLAIREAU.

Où ça, côté cour?

GÉROUVILLE.

Non, côté jardin, c'est-à-dire ici même.

MARRONNIER.

C'est ça, allez donc ! Pour ne pas gêner les
joueurs c'est nous, les habitués de la terrasse, qu'on
va déranger.

GÉROUVILLE.

Allons, Marronnier, ne marronnez pas et
jouissez du jardin encore au moins un bon quart
d'heure, car tous les interprètes ne sont pas arrivés,
notamment le Compère et la Commère qu'on at-
tend d'un moment à l'autre.

MARRONNIER.

S'ils n'arrivaient pas du tout, ça n'en vaudrait
que mieux...

GÉROUVILLE, regardant à la cantonade.

En tous cas, voici déjà une des artistes qui ne
nous fera pas défaut, car je la vois se diriger de ce
côté en ayant l'air de chercher quelque chose ou
quelqu'un... (Mlle X... s'avance hésitante.) Ne craignez
pas d'approcher, Mademoiselle, il ne vous sera
fait aucun mal, au contraire...

SCÈNE III

LES PRÉCÉDENTS, Mlle X... (Marguerite DEVAL.)

Mlle X...

Pardon, Messieurs, vous me voyez un peu confuse... En passant par la petite porte de l'avenue

Gabriel, je croyais entrer en cachette, sans rencontrer personne...

Du Blaireau.

Et vous tombez au milieu de nous... Mais votre secret, nous ne le trahirons pas, à condition que vous restiez un moment pour nous tenir compagnie avant la représentation.

Gérouville.

Et pour tâcher de dérider Marronnier qui ne cesse de marronner.

Marronnier.

Ah! pardon, contre mes semblables, toujours; mais contre le beau sexe, jamais. Restez donc, Mademoiselle, c'est moi qui vous en prie au nom de ces messieurs, car nous sommes ici chez nous, nous autres habitués de la terrasse...

Mlle X...

Oh! je sais bien!

Air de « La Fille à ma tante ».

I

En traversant la place
Le monde dit tout bas
V'là des messieurs en face
Qui ne s'embêtent pas.
Du haut de leur terrasse
Accoudés à loisir,
Voir tout Paris qui passe
Ça fait toujours plaisir.

II

Quand une automobile
D'un modèle fameux
Faute d'essence ou d'huile
S'arrête sous vos yeux,
Chacun de vous ricane
Car pour se divertir
Voir un chauffeur en panne
Ça fait toujours plaisir.

III

Cette petite porte
Ouvrant sur le jardin
Permet en quelque sorte
Un alibi soudain.
Et quand un tapeur passe
Qu'on voit de loin venir
Filer par cette impasse
Ça fait toujours plaisir !

IV

Pour dernier commentaire,
Ce Cercle est composé
De plus d'un militaire
A Berteaux dénoncé !
Mais malgré leur disgrâce
Empressés d'accourir
Quand un régiment passe
Ça fait toujours plaisir.

C'est égal, j'en appelle aux généraux du Cercle !
Un Ministre de la Guerre doublé d'un agent de
change, ça doit bien l'encombrer.

GÉROUVILLE.

Oui, mais en qualité d'homme de Bourse, on lui a conseillé de faire un arbitrage.

Mᶫᶫᵉ X.

Lequel?

GÉROUVILLE.

Celui de passer sa charge au général de Galliffet.

DU BLAIREAU.

Et qu'a répondu le général?

MARRONNIER.

Je m'en doute !

GÉROUVILLE.

Pas du tout...

Mᶫᶫᵉ X...

Moi je devine, Galliffet a répondu qu'en fait de *charge* celle qu'il a commandée à Sedan lui suffisait.

DU BLAIREAU.

Tu penses!

Mᶫᶫᵉ X...

Mais pardon. J'oubliais que je ne suis pas venue ici pour jouer un rôle à côté de la pièce... Du reste, l'attention est ailleurs, car je vois tout le monde qui regarde en l'air.

GÉROUVILLE.

Tiens, en effet, j'aperçois un ballon qui plane juste au-dessus de nos têtes...

SCÈNE IV

LES MÊMES, UN COMMISSAIRE

DU THÉATRE, une sonnette à la main.

LE COMMISSAIRE.

Place au théâtre. Messieurs, place au théâtre.

(Les personnes en scène se rapprochent pendant que des gens de
service rangent ou emportent les chaises.)

MARRONNIER, avec humeur.

Ça va donc décidément avoir lieu ici, cette
revue?

LE COMMISSAIRE.

Dans un instant. Le Compère et la Commère
vont entrer en scène.

DU BLAIREAU.

Par un praticable?

LE COMMISSAIRE, avec satisfaction.

Oh! mieux que ça...

Mlle X...

Je devine... en ballon !

AIR DU « Beau Chef de Musique »

Par un truc extraordinaire
On ne peut plus surnaturel
Le compère avec la commère
Vont ici descendre du ciel.
Jamais dans aucune revue
Même des plus hardis auteurs,

Pareille chose ne s'est vue
Pour épater les spectateurs.
Déjà frisant la crête
Des arbres du jardin
L'aérostat s'apprête
A jeter son grappin,
Et du couple classique,
Pour seconder l'effet,
Messieurs de la musique
Préludons s'il vous plaît :
Vous, piston, pistonnez !
Vous, trombone, trombonez !
Vous, tambour, faites raflaba !
Et vous, grosse caisse, zim la ïla !...
Et maintenant que les voici,
Défilons-nous tout comme si
Tout comme si, c'est plus poli
De leur céder la place ici...

(Tous les personnages en scène suivent Mlle X..., qui prend
la tête et sort sur la reprise :)

Et maintenant que les voici, etc...

(Le ballon apparaît et s'arrête à quelques mètres de terre.)

SCÈNE V

LE COMPÈRE, LA COMMÈRE, M. JACQUES FAURE.

LE COMPÈRE.

Comment, personne là-dessous pour nous aider
à atterrir ?

M. J. Faure, *apparaissant.*

Si fait, moi, un professionnel de l'air. *(Il saisit le guide-rope et amène la nacelle à terre.)* Vous voyez, ce n'est pas plus difficile que ça.

(Il aide les voyageurs à sortir de la nacelle.)

La Commère.

Une si grande habitude du métier ? Ce ne peut être que M. Jacques Faure lui-même !

M. J. Faure.

Tout à votre service, Madame.

Le Compère.

M. Jacques Faure, l'intrépide aéronaute qui a traversé la Manche en ballon. Mes compliments.

M. J. Faure.

Mais oui. Et vous, d'où venez-vous ?

Le Compère.

Oh ! nous, c'est de l'autre monde que nous arrivons.

M. J. Faure.

Comment ! comment ! Vous avez traversé l'Atlantique là-dedans ?

Le Compère.

Et bien mieux encore. Mais le ballon est frêté pour l'aller et retour... et si vous voulez profitéie, comme disent les Belges...

M. J. Faure.

Hésiter serait me couvrir de honte. J'accepte.

La Commère.

Sans même dire adieu à vos amis ?

M. J. Faure.

Ils sont habitués à mes absences. J'ai fait sept fois le tour du monde sans les prévenir. — Combien vous redois-je pour le retour?

Le Compère.

Rien du tout : le voyage est aux frais du Cercle.

M. J. Faure, embarquant.

Alors, en route!

(Le ballon disparaît sur l'air de : « Hé hop ! »)

La Commère.

Dites dons, vous avez une manière d'envoyer les gens *ad patres*.

Le Compère.

Lui? Un professionnel de l'air? Quand il en aura assez, il redescendra. — Et différemment, vous ne vous êtes pas trop ennuyée pendant ce voyage à la Jules Verne?

La Commère.

Vous savez bien que non.

Le Compère.

Air : « On prend un ange d'innocence » (*Barbe-Bleue.*)

D'abord quand le ballon s'élance
L'un et l'autre tout rajeuni
En traversant le ciel immense
On tremble devant l'infini...

La Commère.

Voilà comment cela commence...
Mais bientôt le cœur s'enhardit

Et quand le soir étend ses voiles
Tous deux ensemble dans la nuit...

LE COMPÈRE.

A l'envers on voit les étoiles,
Voilà comment cela finit !

LA COMMÈRE, baissant les yeux.

De grâce, gazez !

LE COMPÈRE.

Pourquoi ? puisque nous ne sommes que des ombres travesties pour la circonstance ! Et maintenant tout à la revue, comme si nous n'avions jamais fait que ça.

LA COMMÈRE.

Justement voici déjà quelqu'un.

(Le Facteur entre.)

SCÈNE VI

LES MÊMES, UN FACTEUR, M. PIPELET.

LE COMPÈRE.

Un facteur ? Généralement ça débute par un gardien de la paix...

LA COMMÈRE.

Il n'y avait pas moyen, ils sont en grève.

LE COMPÈRE.

Mais n'importe : vous n'avez pas de lettre pour moi, mon ami ?

LE FACTEUR.

Je ne crois pas, Monsieur. Mais si voulez véri-
fier...

LE COMPÈRE, prenant les lettres.

Voyons... A M. Pipelet, concierge, rue Boissy-
d'Anglas.

LA COMMÈRE.

Le concierge du Cercle?

LE FACTEUR.

Non, celui de la maison voisine.

LE COMPÈRE, lisant les adresses.

A M. Pipelet, concierge, rue Boissy-d'Anglas;
à M. Pipelet, concierge; à M. Pipelet, encore?

LA COMMÈRE.

Ah! ça, il n'y en a donc que pour lui.

LE FACTEUR.

C'est comme ça à chaque distribution. Du reste,
le voici.

PIPELET, entrant.

Ah! c'est vous, facteur? Est-ce que par hasard,
il n'y aurait pas de lettres pour moi aujourd'hui?

LE FACTEUR.

Au contraire, Monsieur Pipelet, il y en a plus
que jamais, mais elles sont entre les mains de Monsieur.

PIPELET.

Eh bien, c'est ça, ne vous gênez pas.

(Le Facteur sort.)

LE COMPÈRE.

Excusez-moi, Monsieur Pipelet, et croyez bien que je n'ai pas eu l'indiscrétion... (Il lui rend les lettres.)

PIPELET.

De les décacheter. Ah! ma foi vous auriez bien pu, ça n'a aucune importance, ce n'est rien que des lettres d'amour...

LA COMMÈRE.

D'amour pour vous?

PIPELET.

Mon Dieu oui. (Fredonnant:)

Je ne sais pas pourquoi je suis gobé des femmes,
Je ne sais pas pourquoi elles en pincent pour moi...

LE COMPÈRE.

Mazette, quel don Juan!

PIPELET.

Don Jean? Connais pas ce nom-là, je ne connais que Jaudon, c'est un de mes confrères.

LA COMMÈRE.

Du cordon?

PIPELET.

Parfaitement, c'est à lui que notre corporation doit sa célébrité. (Montrant ses lettres.) Et vous voyez que je la partage.

LE COMPÈRE.

Avec tranquillité, car vous n'avez pas l'air d'être bien pressé de dépouiller votre courrier.

PIPELET.

A quoi bon, puisque je sais d'avance ce qu'il y a
dedans.

LA COMMÈRE.

Des déclarations?

PIPELET (étalant les lettres en éventail.)

Brûlantes. En voulez-vous la preuve? Tenez,
tirez au hasard...

LA COMMÈRE.

Voilà.

PIPELET.

Et maintenant, lisez.

LE COMPÈRE.

Tout haut?

PIPELET.

Ça n'a aucune importance. Je ne reçois de lettres
que des femmes du monde. Les autres n'ont pas le
temps d'écrire. Allez-y.

LA COMMÈRE.

AIR DE « La Lettre » (*La Périchole.*)

O mon Pipelet, je te jure
Que je t'aime de tout mon cœur
Mais vrai cette flamme est si pure
Que t'en parler me faisait peur.

PIPELET, parlé.

Pauvre chatte!

LA COMMÈRE.

Car je suis, hélas! encor vierge
Sinon, sur ta porte en lisant

Ces trois mots : Parlez au concierge,
J'aurais pu m'ouvrir autrement.

PIPELET, parlé.

S'ouvrir? Naïve enfant.

LA COMMÈRE.

Aussi reprenant mon courage
En échange de mes aveux
Je ne te demande pour gage
Qu'une mèche de tes cheveux !

PIPELET, parlé.

Ah ! Mais non. Mon crâne n'y suffirait pas.

LA COMMÈRE.

D'ailleurs un dicton populaire
Dit qu'il n'est pas de sot métier
Donc, sans rien d'extraordinaire
On peut bien aimer son portier.

PIPELET, parlé.

T'es pas la seule !

LA COMMÈRE.

Dès lors tant pis si je déroge
Mais ce soir, ô mon Pipelet
Avec toi j'irai dans ta loge
Tirer... le cordon s'il te plaît.

PIPELET, parlé.

Ça dépend comme je serai disposé...

LA COMMÈRE.

A ce rendez-vous téméraire
Je mourrais en cas de refus

Et je signe ta locataire
Qui t'adore et qui n'en peux plus!

PIPELET.

Hein! Qu'est-ce que vous dites de ça?

LE COMPÈRE.

Je dis que c'est épatant!

LA COMMÈRE.

Et vous connaissez la personne?

PIPELET.

Non, mais je m'en doute. C'est la demoiselle du premier étage.

LA COMMÈRE, lisant la signature.

Mademoiselle Cabrion...

PIPELET.

Hein? Quoi? Comment?...

LA COMMÈRE.

Dame! C'est signé...

PIPELET, défaillant.

C'est signé Cabrion, ah! mon Dieu!

LE COMPÈRE, le soutenant.

Qu'est-ce qui vous prend?

PIPELET.

Ce qui me prend, c'est que c'est une fumisterie; c'est que Cabrion, c'est un méchant rapin qui désole ma famille de père en fils. C'est de lui seul que sont toutes ces lettres... Je suis déshonoré, perdu... Oh! mais je me vengerai, je vous le jure. Et vous m'aiderez, n'est-ce pas Madame?...

LA COMMÈRE.

De toutes mes forces.

PIPELET.

Et vous aussi, Monsieur ?

LE COMPÈRE, parodiant Rigoletto.

Sois tranquille, vieillard, nous serons tes vengeurs !

LE COMPÈRE ET LA COMMÈRE.

AIR DE « Rigoletto » (Duo du 3e acte.)

Oui vengeance !
Éclatante vengeance !
Du pauvre homme ah ! prenons la défense ;
N'écoutons ni pitié ni clémence
Oui la mort pour prix du déshonneur.
Tremble, traitre ! A toi Dieu nous envoie
De ce rapin acharné sur sa proie
Il faudra tout le sang de son cœur !

(Sur la ritournelle, Pipelet sort en faisant des
gestes menaçants.)

SCÈNE VII

LE COMPÈRE, LA COMMÈRE, *puis* LE COMMISSAIRE DU THÉATRE *et* LA DANSEUSE.

LE COMPÈRE, après la sortie de Pipelet.

Au fait, qu'est-ce que ça me fait à moi ses malheurs?

LA COMMÈRE.

Et à moi donc ! (Dispute dans la coulisse.) Bon, une altercation.

LA DANSEUSE, dans la coulisse.

Je vous dis que je veux parler au Compère.

LE COMMISSAIRE, paraissant à moitié.

Mais non, Mademoiselle, vous ne pouvez pas entrer en scène à présent, ce n'est pas le moment du ballet.

(La danseuse entre.)

LE COMPÈRE.

Une danseuse avec son tutu à la main ! Qu'est-ce qu'il y a pour votre service ?

LA DANSEUSE.

C'qu'y a M'sieur ? Y a que je voudrais parler au public et que j'ose pas.

LA COMMÈRE.

Eh bien, alors ?

LA DANSEUSE.

Alors j'ai pensé que M'sieur, qui a du galoubet, parlerait pour moi.

LE COMPÈRE.

Encore faudrait-il savoir de quoi il s'agit ? Remettez-vous, mon enfant. Croyez-vous dans votre famille !

LA DANSEUSE.

Eh bien, voilà. J'ai signé avec l'Épatant pour danser un pas de Zéphyr dans la Revue... Et puis, après, j'ose pas.

LA COMMÈRE.

Allons, courage! Après?

LA DANSEUSE.

Eh bien, après, les commissaires du théâtre veulent me forcer à danser en robe à queue et pas avec mon tutu.

LE COMPÈRE.

Ils sont donc bien pudibonds?

LA DANSEUSE.

Faut croire! Alors j'ai consulté mon homme d'affaires qui m'a.dit comme ça : « Moi, à ta place...

LA COMMÈRE.

Comment? Il vous tutoie, votre homme d'affaires?

LA DANSEUSE.

Je vous crois. C'est un régent de la Banque de France!

LE COMPÈRE.

Peste!...

LA DANSEUSE.

Seulement, comme il est dans la salle, il m'a prié de ne pas le nommer.

LA COMMÈRE.

Et le conseil qu'il vous a donné, c'est de faire un procès?

LA DANSEUSE.

Oui, mais, d'abord, de poser la question au public. Allez-y, M'sieur, pas?

LE COMPÈRE.

Parfaitement : Que tous ceux qui sont pour la danse en robe à queue veuillent bien lever la main? Personne. La séparation du tutu avec l'état... de danseuse, n'est pas adoptée.

LA DANSEUSE.

Enfoncés, les commissaires ! (Fausse sortie.)

LA COMMÈRE.

Et c'est bien fait pour eux.

AIR : « Ça vous fait tout d'même quelque chose »

Que diraient les vieux abonnés
Si, dans le foyer de la danse,
Les tutus étaient condamnés,
Sous prétexte d'insuffisance.
Pourtant, quel agent plus discret
Que ce tutu plein de décence
Et de qui, certes, l'on pourrait
Dire : Honni soit qui mal y pense !...

LE COMPÈRE.

Vu de la salle, assurément,
De peu de trouble il est la cause ;
Mais, lorsqu'on le frôle en passant,
Çà vous fait tout d'même quelque chose.

LA DANSEUSE.

Ça, c'est envoyé...

LE COMPÈRE.

L'habitude des planches... Allez, Mademoiselle,

et mes compliments à votre homme d'affaires sur le choix de sa cliente...

LA DANSEUSE.

Merci, M'sieur.

SCÈNE VIII

LE COMPÈRE, LA COMMÈRE, *puis* CINQ VÉNÉRABLES, vêtus de noir.

(Entrée des cinq Vénérables comme celle des Conspirateurs dans la Fille de Mme Angot.)

LE COMPÈRE.

Tiens, qu'est-ce que c'est que ça ?

LA COMMÈRE.

C'est l'air classique des conspirateurs qui nous annonce probablement le capitaine Tamburini et ses complices. Tenez, ce grand-là, c'est probablement lui.

LE COMPÈRE.

A moins pourtant que ce ne soient des cambrioleurs.

LA COMMÈRE.

Écoutez-les. Nous allons voir.

LES VÉNÉRABLES.

AIR : « Quand on conspire ».

Quand on moucharde
Quand sans pudeur

6

On traquenarde
Les gens de cœur
Toujours dans l'ombre,
Il faut avoir
Vêtement sombre
Et chapeau noir.

(Parlé.) Chut !

LE COMPÈRE.

Ah ça, décidément, qu'est-ce que ce peut bien
être que ces hommes noirs !

LA COMMÈRE.

Des anabaptistes, car voici sans doute leur pro-
phétesse.

SCÈNE IX

LES MÊMES, LA DAME NOIRE.

LA DAME NOIRE.

Exacts au rendez-vous, c'est bien. Salut, frères.

(Elle fait des signes maçonniques répétés par les Vénérables.)

LE COMPÈRE.

Des francs-maçons ? Oh ! mais alors...

(Il répète le signe. Étonnement des Vénérables.)

LA COMMÈRE, à part.

Comment, vous en êtes aussi ?

LE COMPÈRE, de même.

Depuis 1720... sous la Régence.

LA DAME NOIRE.

Un inconnu parmi nous... (Les Vénérables murmurent.)
Votre nom, fils d'Hiram, si toutefois vous l'êtes ?

LE COMPÈRE.

Mon nom ? Frère, un point, c'est tout.

LA DAME NOIRE.

Ça suffit, mais il n'y a pas d'erreur ? Vous n'êtes
pas un faux maçon ?

LE COMPÈRE.

Passez-moi le tablier et la truelle, vous verrez
bien.

LA DAME NOIRE.

Je m'en rapporte. Cependant vous connaissez
les peines édictés contre ceux qui divulguent nos
mystères ?

LE COMPÈRE.

Parfaitement : la langue arrachée, la tête coupée,
le corps jeté dans l'Océan et livré au courant. Et
différemment, notre but est toujours d'encourager
la pratique de toutes les vertus...

LA DAME NOIRE.

Oui, mais tout en favorisant le commerce de
nos affiliés. Offrez vos services, mes vénérables.
Je vous autorise à rompre le parfait silence.

PREMIER VÉNÉRABLE.

Le Frère n'a pas besoin de bonne eau-de-vie des
Charentes ? J'en suis débitant et membre du Conseil de l'Ordre.

LE COMPÈRE, *recevant un prospectus.*

Merci.

DEUXIÈME VÉNÉRABLE, *à la Commère.*

La sœur n'a pas besoin d'un paire de bottes ? Je connais à Clermont un caporal bottier qui en fait d'excellentes. (Il lui remet un prospectus.)

LA COMMÈRE.

Merci.

TROISIÈME VÉNÉRABLE.

Un abonnement à l'*Humanité* ?

LE COMPÈRE.

Merci.

QUATRIÈME VÉNÉRABLE.

Un petit jeu de cartes ?

LE COMPÈRE.

Merci.

CINQUIÈME VÉNÉRABLE.

Une bonne lorgnette ?

LE COMPÈRE.

Merci. C'est tout ? Et bien entendu jamais de politique ?

LA DAME NOIRE.

Jamais ! A moins pourtant que ne soit pour dénoncer les profanes qui nous sont suspects.

LA COMMÈRE.

Suspects de quoi ?

LA DAME NOIRE.

De tiédeur envers l'État, puisque l'État c'est Nous...

LE COMPÈRE.

De la délation alors ?...

LA DAME NOIRE.

Ah ! fi ! le vilain mot... Non, quelques fiches çà et là, dans la magistrature et dans l'armée... dans l'armée surtout.

LA COMMÈRE.

Oui, nous savons...

AIR DE « La Dame Blanche ».

Dans le domaine militaire
Pour surveiller les régiments
Une invisible policière
Voit par les yeux de ses agents.
Officiers, d'ailleurs méritants
Proposés pour l'avancement
 Prenez garde ! (2 *fois*.)
La dame noire vous moucharde
La dame noire vous entend !

LES VÉNÉRABLES.

Prenez garde
La dame noire vous entend

LE COMPÈRE.

Compris. Il suffit d'aller le dimanche à la messe...

LA COMMÈRE.

Ou de mettre sa fille au couvent...

LA DAME NOIRE.

Pour être immédiatement rayé du tableau sur le rapport d'un seul de ces messieurs...

LE COMPÈRE.

Eh bien vrai, si c'est pour ça qu'on les appelle des vénérables !

(Murmures des Vénérables.)

LA DAME NOIRE.

Prenez garde vous-même, il pourrait vous en cuire...

LE COMPÈRE.

Dans les flammes de l'Inquisition ?

LA DAME NOIRE.

Non, mais à petit feu, dans les attributs de ces messieurs. Montrez vos attributs au monsieur.

(Les Vénérables sortent tous une casserole de leurs vêtements.)

LA COMMÈRE.

Des casseroles !

LE COMPÈRE.

Tout une batterie de cuisine !

LA COMMÈRE.

Naturellement...

AIR DE « L'Œil Crevé ».

Maçonnerie
Ferblanterie
C'est dans la vie
Comme deux sœurs,
Et leurs insignes
Ce sont les signes
Dont les plus dignes
Ont les honneurs.
Dans le délire
Qui les inspire

On peut bien dire
Oui, que partout
A leur école
La casserole
Est un symbole
Qui mène à tout !

LA DAME NOIRE.

Certainement... même à tous les ministères. A présent, mes frères, une batterie en l'honneur du Grand-Orient. Un, deux, trois. Et en route pour le temple de la rue Cadet!

(Les Vénérables sortent en battant la mesure sur leurs casseroles, sur leur air d'entrée.)

LA COMMÈRE, après la sortie des casseroles.

Dites donc, croyez-vous qu'ils en ont un toupet?...

LE COMPÈRE.

Naturellement, puisqu'on les laisse faire.

LA COMMÈRE.

C'est égal...

AIR : « Amis, voici la riante semaine » (Caveau.)

Jusques à quand verra-t-on chaque loge
Ainsi qu'au temps de l'Inquisition
Grâce au pouvoir qu'une secte s'arroge
Tenir l'armée à leur discrétion ?

LE COMPÈRE.

Las de la boue où le pays barbotte
Puisse le Ciel enfin lui ménager
Un général qui du bout de sa botte
Ces loges-là viendra les déloger ! (bis.)

SCÈNE X

LE COMPÈRE, LA COMMÈRE, UN INVA-LIDE.

(L'Invalide porte la croix de la Légion d'Honneur, la médaille d'Algérie,
la médaille de Crimée, d'Italie, de Chine et du Mexique.)

L'INVALIDE, entré sur les derniers mots.

Bravo ! Vive l'Armée !

LA COMMÈRE.

Un vieux soldat couvert de vraies décorations...
à la bonne heure, ça repose de la quincaillerie ma-
çonnique.

L'INVALIDE.

Oui, Madame, c'est moi le doyen des légionnaires de l'armée, retiré à Blidah, et venu exprès à
Paris pour signer la pétition contre les indignes de
l'Ordre...

LE COMPÈRE.

De sorte que vous allez de ce pas ?...

L'INVALIDE.

Rue de Lille, où on m'a dit que je trouverais un
hôtel dans le genre de celui-ci où il y a écrit :
« Honneur et Patrie », les deux seuls mots que
j'aie jamais su lire couramment.

LA COMMÈRE.

Pas possible !

L'Invalide.

Où aurais-je eu le temps d'en apprendre davantage, étant toujours en campagne ? Quand j'ai pris ma retraite, après la bataille du Mans, il était trop tard.

Le Compère.

Alors, comment ferez-vous pour signer la pétition ?

L'Invalide.

J'y mettrai ma *croix*. La Légion d'honneur est trop grande dame pour ne pas trouver que ça suffit.

La Commère.

Trop grande dame ? Sous quel aspect vous la représentez-vous donc ?

L'Invalide.

Moi ? Attendez... il me semble que ce doit être une espèce de fée, belle comme le jour, en robe d'argent, une étoile au front, le grand cordon en sautoir et qui descendrait comme d'un nuage pour recevoir les légionnaires qui ont bien mérité de la Patrie.

Le Compère.

Une vision, quoi !

(Musique à l'orchestre. Obscurité sur la scène, puis peu à peu l'Étoile apparait éclairée.)

SCÈNE XI

LES MÊMES, L'ÉTOILE.

L'Étoile.

Ne me demandez rien que je ne doive entendre
En dehors des arrêts qu'il m'est permis de rendre.
Mon rôle est de rester étrangère aux partis ;
D'être l'ambition suprême des petits ;
Du soldat courageux qui combat pour la France
Et qui met noblement en moi son espérance,
Rêvant quelque haut fait, dans son rude sommeil
D'où le tire, au bivac, le canon du réveil !
Mais l'Armée à mes yeux n'est pas la seule en cause,
J'ai d'autres objectifs que le devoir m'impose...
Celui qui m'a créée a fait aussi la part
De la Science unie au domaine de l'Art :
Il me prédestinait aux savants dont les veilles
Ont pour l'humanité fécondé des merveilles
Et d'autres, que son nom met quand même en
[courroux,
Ont payé grâce à lui les Pasteur et les Roux...
Oh ! sans doute pour plaire à la démagogie,
On a pu sur ma croix changer son effigie :
Henri Quatre y montra son nez bourbonien,
Et Marianne y met son bonnet phrygien ;
Mais quant au ruban rouge, en changer la matière,

Il fait trop bien de loin sur une boutonnière !...
Sa couleur est bon teint et quelque renégat
Ne saurait à lui seul en altérer l'éclat.
C'est à moi de chasser, lorsqu'il faut un exemple,
Les chevaliers félons et les marchands du temple.
Ainsi méritez-moi, civil ou bien soldat,
La Légion d'honneur fidèle à son mandat
Pour vous récompenser sera toujours l'étoile
Qui brille dans un ciel sans orage et sans voile.

(Musique à l'orchestre. L'Etoile disparaît peu à peu, et le théâtre
s'éclaire de nouveau entièrement.)

LE COMPÈRE.

Ce qu'elle nous a dit est le plus rassurant du monde... (A l'Invalide :) Mais à votre place, je ne négligerais pas la pétition.

L'INVALIDE.

Soyez tranquille, j'y vais.

SCÈNE XII

LE COMPÈRE, LA COMMÈRE, *puis, tour à tour* DEUX ACADÉMICIENNES.

(Les Académiciennes sont en habit vert sur jupe de même couleur,
la jupe est courte et laisse voir qu'elles sont chaussées d'un bas
bleu apparent. Chapeau bicorne, gilet blanc et jabot, épée en
verrou.)

LA COMMÈRE, après la sortie de l'Invalide.

Il est très bien ce doyen des légionnaires... Il a du trait, de l'imagination.

Le Compère.

Ce qui prouve qu'il n'y a pas besoin de savoir lire pour être poëte. (La première académicienne paraît.) Tiens, une Académicienne…

Première Académicienne.

Pardon, Monsieur, c'est bien ici l'Union Artistique où l'on est en train de jouer une revue extrêmement satirique?

Le Compère.

Certainement, Madame, autrement ce serait de la pommade.

Première Académicienne, à part.

Voilà bien ce que je craignais! (haut) Serait-il possible de dire un mot à M. Vandal de l'Académie Française?

Le Compère, prenant le cordon acoustique.

Je vais demander, Madame. Allo! Voyez si M. le comte Vandal est dans la salle. On vous répondra dans un instant.

(La deuxième Académicienne entre.)

Première Académicienne.

Merci, Monsieur. J'attendrai avec impatience.

Deuxième Académicienne, à la Commère.

Pardon, Madame, c'est bien ici l'Union Artistique où l'on est en train de jouer une revue extrêmement satirique?

La Commère.

Aussi satirique que possible, oui, Madame.

DEUXIÈME ACADÉMICIENNE, à part.

Voilà bien ce que je craignais. (Haut.) Serait-il possible de dire un mot à M. de Vogüé, de l'Académie Française ?

LA COMMÈRE.

Auquel, Madame? Il y en a deux : le Président du Cercle et M. Eugène Melchior.

DEUXIÈME ACADÉMICIENNE.

L'un ou l'autre, ça n'a pas d'importance.

LA COMMÈRE.

Je vais demander, Madame. (Prenant le cordon acoustique.) Allo! Voyez si M. le marquis ou M. le comte de Vogüé sont là?

(Coup de sifflet du côté du Compère qui tient toujours le cordon acoustique.)

LE COMPÈRE.

Allo. Hé bien?... Ah! Bon. M. Albert Vandal est absent, Madame.

PREMIÈRE ACADÉMICIENNE.

J'en suis vivement contrariée.

(Coup de sifflet du côté de la Commère qui tient toujours le cordon acoustique.)

LA COMMÈRE.

Allo. Hé bien? Messieurs de Vogüé ne sont là ni l'un, ni l'autre, Madame...

DEUXIÈME ACADÉMICIENNE.

Ce n'est vraiment pas de chance! (Apercevant la première Académicienne.) Tiens, c'est vous, ma chère.

PREMIÈRE ACADÉMICIENNE.

Oui, c'est moi, ma chère. Et vous?

DEUXIÈME ACADÉMICIENNE.

Moi aussi. Dites donc, je vois que nous avons eu la même idée!

LE COMPÈRE.

Quelle idée, Mesdames? Peut-on savoir?

PREMIÈRE ACADÉMICIENNE.

Au fait, Monsieur a une bonne figure, Madame aussi... Eh bien voilà. Ma collègue ici présente, moi et quelques autres, sommes à la tête du grand mouvement littéraire moderne...

LA COMMÈRE.

Il ne peut qu'y gagner.

DEUXIÈME ACADÉMICIENNE.

Merci de cette bonne parole.

LA COMMÈRE.

Entre femmes, on se doit bien ça! .

PREMIÈRE ACADÉMICIENNE.

Donc nous pondons des vers, aussi facilement...

LE COMPÈRE.

Que les poules pondent des œufs frais...

DEUXIÈME ACADÉMICIENNE.

Oui, mais des vers bien plus frais encore, avec des rimes étincelantes, sur les fleurs, sur les oiseaux, sur le dieu des jardins.

LE COMPÈRE, toussant.

Hem!

DEUXIÈME ACADÉMICIENNE.

Vous dites?

LE COMPÈRE.

Moi? Rien!

PREMIÈRE ACADÉMICIENNE.

A la bonne heure. De sorte qu'étant donné notre talent, à une époque où la femme peut être à son gré avocat ou médecin, pourquoi diable, — nous sommes-nous dit, — ne serait-elle pas aussi bien membre de l'Académie Française ?

LE COMPÈRE.

Je me le demande.

DEUXIÈME ACADÉMICIENNE.

N'est ce pas, Madame?

PREMIÈRE ACADÉMICIENNE.

Malheureusement, vous voyez ça d'ici; les préjugés, la routine, les vieux clichés…

LE COMPÈRE.

Et la négligence de Richelieu qui n'avait pas prévu votre cas…

PREMIÈRE ACADÉMICIENNE.

C'est justement ce qu'on nous a objecté :

AIR DU « Petit Duc ».

Pas de femmes (*bis*).
C'était l'ordre du Cardinal
Pas de femmes (*bis*).
Ça ferait trop de bacchanal.

LE COMPÈRE ET LA 2ᵉ ACADÉMICIENNE.

Pas de femmes.

PREMIÈRE ACADÉMICIENNE.

C'est le mot d'ordre, il est fatal.

LE COMPÈRE ET LA 2ᵉ ACADÉMICIENNE.

Pas de femmes.

PREMIÈRE ACADÉMICIENNE

C'est le mot d'ordre, il est fatal.

LE COMPÈRE ET LA 2ᵉ ACADÉMICIENNE.

Pas de femmes (*bis*).
Il est vrai que c'est bien cruel !
Pas de femmes (*bis*).
C'est le mot d'ordre, il est formel !

PREMIÈRE ACADÉMICIENNE.

Alors pour nous venger, nous avons élevé autel contre autel et fondé l'Académie Française des femmes, à l'autre coin du quai.

DEUXIÈME ACADÉMICIENNE.

Avec les même errements, le même cérémonial et le même uniforme que les Quarante... ou du moins à peu près.

AIR DE « Madame Favart ».

Car admirez la différence
Et combien aux yeux du public
Notre jupe a plus d'élégance
Que leur culotte n'a de chic.

PREMIÈRE ACADÉMICIENNE.

Et comparant profits et pertes
Tout bien pesé, selon le cas,

Ils ont ce qui nous manque certes,
Mais nous avons ce qu'ils n'ont pas.

Seulement voilà...

Le Compère.

Il y a un endroit où le *bas* bleu vous blesse ?

Deuxième Académicienne.

Oui, dans notre dignité, par crainte des plaisan-
teries qu'on peut faire sur notre compagnie, le
monde est si méchant.

Première Académicienne.

C'est pourquoi, en apprenant qu'on jouait au
Cercle une revue extrêmement satirique, nous
venions prier nos confrères MM. Vandal et de
Vogüé d'user de leur influence pour empêcher
qu'on nous bêche.

La Commère.

Démarche bien inutile, Mesdames, croyez-
moi !

Deuxième Académicienne.

Comment ! Pas moyen d'obtenir la moindre cou-
pure ? Vous entendez, ma chère ?

Première Académicienne.

J'en ai froid dans le dos, ma chère.

La Commère.

Vous ne m'avez pas comprise, je voulais dire au
contraire qu'ici on respecte trop les femmes, les
femmes savantes surtout, pour rien tolérer qui
puisse assombrir leur front...

7.

LE COMPÈRE.

Et les empêcher de montrer un visage émer-
veillé.

PREMIÈRE ACADÉMICIENNE.

Oh! mais alors, c'est bien différent.

DEUXIÈME ACADÉMICIENNE.

Nous pouvons assister sans crainte à la représentation ?

LA COMMÈRE.

Certainement, et c'est vous qu'on applaudira !
Néanmoins un dernier mot.

AIR : « Allez-vous en gens de la noce ».

Sous l'ombrage et dans la verdure
Où vous rimez si noblement,
A vos yeux, la littérature
Est mieux qu'un simple amusement.
Mais pourtant, si je ne m'abuse,
Malgré vos succès triomphants
Pour varier vos passe-temps,
Tâchez en cultivant la Muse
De produire aussi des enfants... } (bis).

PREMIÈRE ACADÉMICIENNE.

Mais l'un n'empêche pas l'autre, n'est-ce pas ma
chère?

DEUXIÈME ACADÉMICIENNE.

Certainement non, ma chère.

LA COMMÈRE, lui indiquant le perron.

Alors, si vous voulez passer dans la salle, voici
le chemin.

Première Académicienne.

Comment donc, mais avec plaisir.

(Elles sortent sur la ritournelle de l'air précédent.)

SCÈNE XIII

LE COMPÈRE, LA COMMÈRE

(Pendant la fin de la scène qui précède la nuit a commencé à venir.)

Le Compère.

Tiens, mais il me semble que le jour a fait plus
que baisser... La place de la Concorde est pres-
que déjà dans les ténèbres...

La Commère.

Soyez tranquille, elle n'y restera pas longtemps...

Air : « Quand Paris était à Versailles ».

C'est l'heure où déchirant la brume
Par des flots d'électricité,
Paris, le grand Paris s'allume
Comme dans un rêve enchanté.

Aux pâles rayons de la lune
Honteux de s'être fourvoyés,
Mille lumières une à une
Succèdent comme vous voyez.

C'est l'heure où l'on se sent revivre
A la fraîcheur d'un soir d'été,
Où la brise dont on s'enivre
Allume aussi la volupté.

L'heure où dans les bars à la mode
Trônent en grand décolleté
Celles dont l'amour par le code
N'a pas besoin d'être édicté.

Et l'on aurait beaucoup à faire
S'il fallait dire en vérité
Tout ce que la Ville-Lumière
Éclaire encore, un soir d'été !

SCÈNE XIV

LE COMPÈRE, LA COMMÈRE, UN COMMISSAIRE DU THÉATRE.

LE COMPÈRE.

Dites donc, c'est peut-être le moment d'aller faire un tour dans les théâtres...

LA COMMÈRE.

Avec plaisir...
                              (Mouvement de fausse sortie.)

LE COMMISSAIRE, entrant.

Inutile de vous déranger. — Quand le Cercle joue une revue, ce sont les théâtres qui se dérangent pour venir chez lui...

LA COMMÈRE.

Alors, asseyons-nous à l'avant-scène, c'est classique.

LE COMMISSAIRE.

Par quoi Monsieur et Madame désirent-ils qu'on commence? Par une comédie de mœurs?

LE COMPÈRE.

Volontiers.

. LE COMMISSAIRE.

Laquelle?

LA COMMÈRE.

Celle que vous voudrez, ça n'a pas d'importance.

LE COMMISSAIRE.

Madame a bien raison. — Depuis quelque temps, elles se ressemblent toutes. *Ab una disce omnes.*

LE COMPÈRE.

Mazette, du latin!

LE COMMISSAIRE.

Oui, c'est le titre de la pièce que vous allez voir. Voici des programmes.

LA COMMÈRE, lisant.

Personnages : « le mari, la femme, l'amant, l'enfant ».

LE COMMISSAIRE.

Attention, ils vont entrer en scène.

(Il frappe trois coups et sort.)

SCÈNE XV

LE COMPÈRE, LA COMMÈRE, LE MARI, LA FEMME, L'AMANT, L'ENFANT.

LA FEMME.

AIR DE « La Jupe amarante »

Moi, je suis la femme adultère.

LE MARI.

Je suis, moi, le mari trompé.

L'AMANT.

Moi, je suis l'amant qu'on préfère.

L'ENFANT.

Et moi, l'enfant prédestiné

LA FEMME.

Pour qui, plus tard, en bonne mère
Lorsque tout sera pardonné
Reviendra la femme adultère
Dans les bras du mari trompé.

LE COMPÈRE.

Bravo! Voilà d'excellents éléments.

LA FEMME.

N'est-ce pas, Monsieur?

LA COMMÈRE.

Oui, mais moi à votre place, j'éloignerais l'en-

fant, car vous allez probablement dire des choses
qu'il ne doit pas entendre.

LE MARI.

Madame a raison. Va jouer avec ta bonne, bébé.

L'ENFANT, en sortant.

Encore? (à part) Si on croit qu'elle se prive de me
raconter ce qui se passe, ma bonne... Oh! la la...

LA FEMME.

A présent on peut causer. Armand, j'ai deux
mots à vous dire.

ARMAND, saluant militairement à la prussienne.

A vos ordres, madame... Comme dans la
Retraite.

LE MARI.

Il l'appelle madame parce que je suis là, autrement il aurait dit mon ange.

LA FEMME.

Armand, nous ne pouvons plus vivre ainsi. Ce
partage de ma personne entre mon mari et vous
doit vous faire horriblement souffrir.

L'AMANT.

Croyez-vous?...

LA FEMME.

J'en suis sûre.

LE MARI.

Evidemment, c'est moi qui suis en jeu.

LA FEMME.

Et je suis décidée à le quitter pour vous suivre
n'importe où...

L'Amant.

Songez que c'est bien grave!

La Femme.

Non, parce que je suis une honnête femme et
que je vais l'en prévenir.

L'Amant.

Prenez garde, s'il allait nous tuer...

La Femme.

Il n'y a pas de danger, c'est un si brave homme.

(Elle va à son mari.)

Le Compère.

Ce qu'on appelle une bonne poire...

La Femme, au mari.

Théodore, je vais vous prouver que je ne suis
pas une femme ordinaire.

Le Mari.

Madame Bovary non plus.

La Femme.

Ça n'a aucun rapport, puisque je viens vous
déclarer loyalement que je vous lâche pour aller
vivre avec Armand.

Le Mari.

Avec Armando, comme dit la Duse.

La Femme.

Avec Armando. Je ne vous demande pas d'emmener mon fils...

Le Mari.

Vous avez raison. Il vous gênerait.

L'Amant.

J'aime autant ça.

La Femme.

Pas à cause de ça, mais pour me ménager une porte de rentrée au bercail quand Armando aura assez de moi.

Le Mari.

La réconciliation par l'enfant. J'en accepte l'augure.

La Femme.

Merci, Théodore, vous êtes un brave homme. Venez-vous, Armando?

L'Amant.

A vos ordres, cher ange.

Air de « Barbe-Bleue ».

Allons, marchons !
Allons, partons !
Gai, gai, dérobons-nous,
L'adultère est si doux !
Allons, partons !
Allons, marchons !
Chaud, chaud, partons gaîment
Nous aimer librement.

(Ils sortent.)

Le Mari, allant à la cantonade.

Excusez-moi si je ne vous reconduis pas. Fin du premier acte. (Au Compère :) La pièce ne vous ennuie pas?

Le Compère.

Au contraire.

La Commère.

C'est-à-dire que c'est palpitant.

Le Mari.

Alors je glisse sur le deux qui se passe à Venise, où les amants sont allés cacher mon déshonneur.

Le Compère.

En se gondolant sur le Lido.

L'Enfant, dans la coulisse.

Papa, papa...

Le Mari,

Pas un mot de plus... C'est le gosse qui revient pour le trois.

SCÈNE XVI

LE COMPÈRE, LA COMMÈRE, LE MARI, L'ENFANT, *puis* LA FEMME.

L'Enfant.

Dis donc, papa, tu sais que j'en ai assez de jouer avec ma bonne, quand je lui demande si nous reverrons bientôt maman... elle me chante l'air de *Malborough.*

Le Mari.

Rassure-toi. Si j'en crois Mme de Thèbes que j'ai été consulter, elle ne tardera pas... (Coups de corne d'automobile.) Deux coups de corne, c'est elle. Je vous laisse à vos épanchements.

(Il se cache.)

LA FEMME.

Mon enfant, où est mon enfant? (Elle entre.)

L'ENFANT.

Maman, chère maman... Enfin, te voilà !

LA FEMME.

Oui, j'avais oublié de t'embrasser au départ, et
je viens réparer ma faute... toute ma faute.

L'ENFANT.

Oh ! moi je ne t'en veux pas... mais dame, tu
sais, il y a papa...

LA FEMME.

Lui ? Un si brave homme...

L'ENFANT.

Raison de plus pour lui demander pardon.

LA FEMME.

Bon, mais où est-il ?

L'ENFANT.

Il est dans la salle, tiens, là-bas.

LA FEMME.

Alors, attends...

AIR DU « Trouvère ».

Toi, que ma voix implore
Si j'ai trahi ma foi
Quand je reviens (*bis*), à toi
Théodore, pardon,
Mon Théodore, pardon !

(L'Enfant ramène le mari par la main en passant
derrière la femme.)

L'Enfant.

Allons, papa, un bon mouvement...

Le Mari, après un moment d'hésitation.

Zénobie!... (Il ouvre ses bras.)

La Femme, se retournant.

Théodore ! Théodore ! (Elle tombe dans ses bras.)

L'Enfant, montrant le couple.

Vous voyez, réconciliés par l'enfant...

Le Mari.

Immoralité de la chose...

La Femme.

Air : « Quand vous verrez tomber les feuilles mortes ».

Quand vous verrez tomber
Une femme adultère
Si vous l'avez aimée,

La Commère.

L'enfant vous la rendra.

Tous.

Si vous l'avez aimée
L'enfant vous la rendra.

Le Mari.

Rideau !

(Le mari, la femme et l'enfant se retirent à reculons en saluant
pendant que le Compère et la Commère applaudissent sur le
refrain de l'air précédent.)

SCÈNE XVII

LE COMPÈRE, LA COMMÈRE, *puis* LA CHANSON PARISIENNE.

La Commère.

Qu'est-ce que vous pensez de ça, feu M. de Voltaire?

Le Compère.

Je pense qu'il y a là une idée philosophique de tout premier ordre, mais que j'aimerais mieux quelque chose de plus gai.

La Chanson parisienne, *entrant comme poussée en scène malgré elle, et s'adressant à la cantonade,*

En vérité, c'est de la violence! On ne pousse pas comme ça brutalement en scène les personnes qui ne sont pas de la pièce.

La Commère.

Surtout une dame.

La Chanson parisienne.

N'est-ce pas, Madame? J'étais bien tranquille dans mon coin, à prendre des notes sur mon calepin.

Le Compère.

Pour le *New-York Herald?*

La Chanson parisienne.

Non, Monsieur, pour mon répertoire.

8.

LA COMMÈRE.

Votre répertoire ? Qui êtes-vous donc ?

LA CHANSON PARISIENNE.

La Chanson parisienne.

LE COMPÈRE.

Et par quel hasard vous trouvez-vous ici ?

LA CHANSON PARISIENNE.

Air : « En revenant de la Revue ».

1

Depuis longtemps j'avais l'envie,
Pour m'offrir un peu d'agrément,
De voir une fois dans ma vie
Une revue à l'Épatant,
Mais le théâtre a pour cerbères,
Quatre terribles commissaires,
Pour qui la scène est un endroit
Où d'approcher nul n'a le droit.
    Mais fort heureusement,
    J'en connais un charmant,
Que je me garde de nommer
Les autres pouvant réclamer ;
    Il m'a dit: mon enfant,
    Là, derrière un portant,
    Tâche de te caser
Et tu vas beaucoup t'amuser.

    Voilà comment,
J'ai pu de l'Épatant,
Voir la revue étant
    Pas trop à l'aise.
    Mais malgré ça,
— Remarquez bien cela —

Sans parti pris de la
  Trouver mauvaise !

II

Derrière moi dans la coulisse,
Un machiniste en fonctions,
Tout en remplissant son office
Me faisait ses réflexions.
Avec beaucoup de mise en scène,
Disait-il, ce n'est pas la peine
Que l'auteur se donne tant de mal
Dans ses couplets faits pour Deval...
  Néanmoins quand l'ennui
  S'empare trop de lui,
Le public commence à grincher,
Peut-être même à se fâcher,
  Mais le salut est là
  Lorsque dans tout l'éclat
  De son art accompli,
Entre en dansant la Zambelli !

  Voilà comment,
  J'ai pu de l'Épatant,
  Voir la revue étant
    Pas trop à l'aise.
    Mais malgré ça,
  Et grâce à Carlotta,
  J'étais bien loin de la
    Trouver mauvaise !

III

Toujours de mon observatoire,
En me penchant de ci, de là,
J'admirais aussi l'auditoire
Tel qu'il est un soir de gala.

Au coup d'œil dont on se régale,
Le vrai spectacle est dans la salle,
Mères, femmes, filles ou sœurs
Que c'est comme un bouquet de fleurs !
　Les dames au milieu
　Se resserrent un peu,
Pour faire place aux intrigants
Qui se faufilent dans leurs rangs,
　Et l'on pourrait ma foi,
　Jouer n'importe quoi,
　Car en causant tout bas,
La pièce, on ne l'écoute pas...

　　Voilà comment,
　J'ai pu de l'Épatant,
　Voir la revue étant
　　Pas trop à l'aise.
　　Mais malgré ça,
　A peu près la seule à
　L'écouter sans trop la
　　Trouver mauvaise.

SCÈNE XVIII

LES MÊMES, LE CHANTEUR AMÉRICAIN.

(Au moment où la Chanson Parisienne est prête à sortir de scène,
le Chanteur Américain l'arrête d'un geste suppliant.)

LE CHANTEUR AMÉRICAIN.
Oh ! de grâce, Madame, écoutez-moi un instant.
LE COMPÈRE.
D'où sort-il encore celui-là ?

La Chanson parisienne.

Je n'en sais rien, mais il est joliment gentil.
(A la Commère.) N'est-ce pas, Madame?

La Commère.

On en mangerait.

Le Chanteur américain.

Oh ! vous exagérez !

La Commère.

Par politesse. Mais enfin, qui êtes-vous?

La Chanson parisienne.

D'où venez-vous ?

Le Chanteur américain.

De New-York. Je suis chanteur américain et je
viens pour enlever Madame la Chanson parisienne
et l'emmener avec moi en Amérique.

La Chanson parisienne.

Moi? Pour quoi faire ?

Le Chanteur américain.

Pour faire de vous my *Country girl*, ma *Floro-
dora*, ma *plus belle de New-York*.

La Chanson parisienne.

Tout ça à la fois?

Le Chanteur américain.

D'abord. Et puis, aussi, pour chanter tous les
deux ensemble.

La Chanson parisienne.

Dans les cours ?

Le Chanteur américain.

Oh! fi! pas dans les cours, mais dans les salons :

chez M. Vanderbilt, chez M. Carnegie, chez
Mississ Gœlett..., etc...

LA CHANSON PARISIENNE.

Bonnes maisons. Combien le cachet?

LE CHANTEUR AMÉRICAIN.

Mille dollars par chanson.

LA CHANSON PARISIENNE.

Assurés?

LE CHANTEUR AMÉRICAIN.

Sur la Mutual-Life.

LA CHANSON PARISIENNE.

Alors ça va. Mais notre répertoire?

LE CHANTEUR AMÉRICAIN,

Improvisé. N'importe quoi. Tout ce qui nous
passera par la tête. Voulez-vous essayer? Ecoutez,
gentleman and lady! (A la Chanson parisienne.) C'est
moi qui commence.

Air du « Soldat de Plomb » (Niniche).

I

Elle est la Chanson Parisienne...

LA CHANSON PARISIENNE.

Lui le petit chanteur Yankee...

LE CHANTEUR AMÉRICAIN.

Elle opère aux bords de la Seine,

LA CHANSON PARISIENNE.

Lui aux bords du Mississipi.

LE CHANTEUR AMÉRICAIN.

Nous avons fait une alliance

LA CHANSON PARISIENNE.
Un traité bien organisé

LE CHANTEUR AMÉRICAIN.
Qui, j'espère, aura plus de chance

LA CHANSON PARISIENNE.
Que ceux que signe Delcassé.
Car celui-ci, trop bon garçon,
S'est fait, dans toute occasion,
Rouler par la perfide Albion.

LE CHANTEUR AMÉRICAIN.
Et pourquoi donc ?

LA CHANSON PARISIENNE.
Parc' qu'il en est... (*bis*).
Parc' qu'il en est l'dindon.

II

LE CHANTEUR AMÉRICAIN.
En Amérique où la peinture

LA CHANSON PARISIENNE.
Est encore à l'état latent

LE CHANTEUR AMÉRICAIN.
Vos artistes en portraiture

LA CHANSON PARISIENNE.
Y vont gagner beaucoup d'argent.

LE CHANTEUR AMÉRICAIN.
Mais si l'art est leur apanage

LA CHANSON PARISIENNE.
L'Américain toujours subtil

LE CHANTEUR AMÉRICAIN.
S'honore encor bien davantage

LA CHANSON PARISIENNE.

D'avoir produit Buffalo-Bill !
Car Buffalo, nous le savons,
Avec ses exhibitions
Faisait aussi des passions.

LE CHANTEUR AMÉRICAIN.

Et pourquoi donc ?

LA CHANSON PARISIENNE.

Parc' qu'il était... (*bis*).
Toujours à califourchon.

III

LE CHANTEUR AMÉRICAIN.

A Paris quand dans la détresse

LA CHANSON PARISIENNE.

Duc et Marquis n'ont plus un *rond*

LE CHANTEUR AMÉRICAIN.

En s'alliant à leur noblesse

LA CHANSON PARISIENNE.

Vos héritières les refont.

LE CHANTEUR AMÉRICAIN.

Et par la loi du Libre échange

LA CHANSON PARISIENNE.

Nous pourrions même, s'il nous plaît,

LE CHANTEUR AMÉRICAIN.

Sans crainte de rien perdre au change

LA CHANSON PARISIENNE.

Troquer Ros'velt contre Loubet.
C'est ainsi que, par nos chansons,
Nous gagnerons des millions
Plus que bien d'autres histrions.

LE CHANTEUR AMÉRICAIN.

Et pourquoi donc?

LA CHANSON PARISIENNE.

Parc' qu'ils n'avaient (*bis*).
Pas le chic que nous avons.

Et maintenant, en route pour New-York.

LE CHANTEUR AMÉRICAIN.

Ah! Pardon... pas comme ça. Dans l'opérette américaine on ne peut jamais sortir sans tout le monde danser la gigue.

LA CHANSON PARISIENNE.

La gigue! Je vous préviens que les *miennes* ne sont pas énormes... mais je les ferai rembourrer pour demain.

LE CHANTEUR AMÉRICAIN.

Montrez voir... Au contraire, très nerveuses, very pretty... Vous connaissez aussi un peu cette danse?

LA CHANSON PARISIENNE.

Pas du tout, mais je me la figure.

LE CHANTEUR AMÉRICAIN.

All right!

LA CHANSON PARISIENNE.

AIR DE « L'Amour malin ».

La gigue est un petit pas
Pas d'appas
Qui n'est pas
A danser bien difficile;

9

Mais il faut toutefois
Avoir le pied agile,
Le mollet pas trop bas,
Ni trop gras,
Et voilà
Avec une ardeur fébrile
Comme il faut gigoter
En se croisant les bras.
Pour bien savoir danser la gigue

LE CHANTEUR AMÉRICAIN.

Il faut le diable au corps
Défier la fatigue

LA CHANSON PARISIENNE.

Pour bien savoir danser la gigue
Il faut le diable au corps
Sans trop d'efforts.

ENSEMBLE.

La gigue est un petit pas
Plein d'appas, etc.

(La Chanson Parisienne et le Chanteur sortent en dansant.)

SCÈNE XIX

LE COMPÈRE, LA COMMÈRE, *puis tour à tour* SIGURD *et* SIEGFRIED.

(Le Compère et la Commère ont à la main le programme qui leur a été donné antérieurement.)

LE COMPÈRE.

Evidemment ceci n'était qu'un hors-d'œuvre.
Si nous passions au numéro suivant ?

LA COMMÈRE.

J'allais vous le proposer... (lisant) « La Belle au Bois dormant » ou le « Réveil de la Walkyrie », opéra de haute fantaisie, avec musique mixte des auteurs les plus divers...

LE COMPÈRE, lisant.

« Ouvrage dédié à M. Pedro Gailhard par le « Cercle de l'Union artistique reconnaissant.

« Personnages :

« Siegfried, M. Jean de Reszké.

« Sigurd, M. Saleza.

« Brunehild, Mme Caron-Bréval-Grandjean. »

LA COMMÈRE, lisant.

« Au lever du rideau, la Walkyrie dort, dissi-
« mulée derrière un buisson autour duquel le feu
« a été prudemment éteint par les pompiers de
« service. La musique rappelle dans quelles cir-
« constances ce feu avait été allumé par le dieu
« Loghe. »

(Ils s'asseyent.)

LE COMPÈRE, lisant.

« Scène première : Entrée de Sigurd précédé de
« son *leit motif.* »

(Quelques mesures du leit-motif de Sigurd puis aussitôt
l'air suivant.)

SIGURD, entrant.

AIR ET PAROLES DE « Sigurd ».

« Le bruit des chants s'éteint
« Dans la forêt immense,

« Dans les tilleuls sacrés, tout est
« Ombre et silence,
« Et je me sens au cœur l'audace d'un héros,
« Pourquoi tarder que le combat commence ?
« Esprits gardiens de ces lieux vénérés,
« Sachez quel nom redit par votre bouche,
« M'éveillera sur ma funèbre couche,
« Lorsque j'y dormirai,
« Hilda, vierge au pâle sourire,
« Jeune lys tremblant sous les fleurs,
« C'est ton doux nom que viendra me dire
« Sur ma tombe, la nuit en pleurs. »

La Commère.

Alors, Hilda, c'est celle que vous aimez ?

Sigurd.

Jusqu'à nouvel ordre, mais, pour l'instant, j'ai autre chose à faire.

Air : « Partant pour la Syrie».

De la Chevalerie
Je viens, nouveau Dunois,
Chercher la Walkyrie
Qui dort au fond des bois.
Un tel excès de zèle
N'a rien de surprenant
Puisqu'elle est la plus belle
Et moi le plus vaillant !

Le Compère.

Dites donc, c'est de la Reine Hortense, ça ?

Sigurd.

Naturellement, dans un pot-pourri !... Mais dans un instant, j'espère bien pouvoir chanter :

Air et paroles de « Sigurd ».

« La Walkyrie est ma conquête
« Je ne crains pas qu'elle regrette
« Près de moi les palais des dieux. »

(Parlé.) Ça, c'est du Reyer de derrière les fagots ! Maintenant, où est-elle ? Pas loin, car je sens que je brûle... quoique le feu qui devrait l'entourer soit éteint... Cherchons-la...

(Chant de l'oiseau dans Siegfried avec la clarinette.)

La Commère, lisant.

« Entrée de Jean Reszké dans Siegfried, précédée du chant de l'oiseau. »

Siegfried, sonnant d'abord du cor comme réponse à l'oiseau.
(Voir la partition de Siegfried à la fin de la scène II du 3ᵉ acte).

Air de « Guillaume Tell ».

Moi dont l'oiseau
Guida les pas
Ah ! Ah ! Ah !
Grâce à son chant, je n'aurai pas
De m'égarer eu l'embarras !...

La Commère.

Dites donc, c'est du Rossini, ça !

Siegfried.

Naturellement, dans un pot-pourri. Maintenant, où est-elle ? Pas loin, car je sens que je brûle, quoique le feu qui devrait l'entourer soit éteint. Cherchons-la.

(En tournant autour du buisson, les deux rivaux se rencontrent.)

Siegfried.

Un compétiteur !

SIGURD.

Un rival !

LE COMPÈRE.

Bon, ça va chauffer !

SIEGFRIED.

Qui que vous soyez, chevalier, vous comprenez
qu'un de nous deux est de trop ici.

SIGURD.

C'est mon avis, blond forestier, et celui-là, c'est
vous !

SIEGFRIED.

Pardon, ce sera celui que le sort va décider.

SIGURD.

Un duel à mort ?

SIEGFRIED.

C'est forcé. Votre arme ?

SIGURD.

Mon arme, la voici.

(Il frappe la terre de sa lance.)

AIR DES « Huguenots ».

En mon *bras droit* j'ai confiance,
En mon *bras droit* et dans ma lance.

ENSEMBLE.

Comme en pareille circonstance
Que le fer, seul, juge contre nous.

SIGURD, à part.

Ça, c'est du bon Meyerbeer. (Haut.) Et vous,
quelle est votre arme ?

SIEGFRIED.

La mienne ?

AIR DE LA « Grande Duchesse ».

Voici le glaive de mon père,
Que j'ai moi-même reforgé.
Le dragon gît dans son repaire,
Car dans son flanc je l'ai plongé.
Ma mère était sœur de mon père,
Du moins on me l'a raconté,
Et d'un inceste héréditaire
Je tiens ce glaive redouté.
Tel est le glaive de mon père,
Qu'ici je porte à mon côté.

TOUS.

Tel est le glaive de son père,
Tel qu'il le porte à son côté.

SIEGFRIED, le tirant.

En garde ! Et défends-toi !

(Le théâtre s'obscurcit. Bruit de tonnerre. Lutte des deux rivaux. Un éclair jaillit du choc des armes. Sigurd, vaincu, disparaît dans l'ombre, un instant poursuivi par Siegfried. Au moment où le théâtre s'éclaire de nouveau, la Walkyrie est en vue, étendue sur un banc de verdure, coiffée du casque, et son bouclier près d'elle. Siegfried est debout près d'elle, essuyant son glaive.)

SIEGFRIED.

Une femme
Et casquée !
Puissance du Ciel
Qu'elle est belle !
Eveille-toi (*bis*),
Femme casquée !...

Elle ne bouge pas...

Le Compère.

Il est évident qu'elle a l'oreille dure...

Siegfried.

Comment l'éveiller ? Ah ! Une réminiscence...

Air de « Roméo et Juliette ».

« Qu'un sourire d'enfant sur ta bouche vermeille
   « Doucement vienne se poser
« Et pour que tendrement mon souffle te réveille
« Que la brise des nuits te porte ce baiser... »

(A part.) Ça, c'est du bon Gounod. Et pourtant rien n'y fait... Alors cherchons autre chose et criez avec moi comme si nous étions des Walkyries : Oïotoho ! Oïotoho !...

Le Compère, la Commère, Siegfried.

Oïotoho ! Oïotoho !
Heiaah ! Heiaah !

Le Compère.

Elle n'a pas bronché !

Siegfried.

Ma foi, je ne vois plus qu'un moyen.

(Il embouche son cor et la trompette de l'orchestre sonne le réveil de la cavalerie. Dès les premières notes, la Walkyrie s'éveille et se soulève sur le coude. Pendant la seconde sonnerie, le boute-selle, l'obscurité se fait, et quand la lumière revient, la Walkyrie est debout, sa lance à la main, le bouclier de l'autre, devant le buisson refermé.)

La Walkyrie, descendant.

Le boute-selle. Vite, qu'on m'amène Grane, mon bon cheval de bataille,..

SIEGFRIED, 5ᵉ acte de Roméo.

Dieu tout-puissant, elle vit ! elle vit ! Juliette est vivante !

LA WALKYRIE.

Brunehild, mon ami. — Nous ne sommes pas à Vérone !

SIEGFRIED.

C'est vrai, mais Jean de Reszké, c'est donc toujours Roméo, n'est-ce pas, Mesdames ?

LA WALKYRIE.

Néanmoins, je ne vois pas Sigurd, mon autre libérateur. Je ne pense pas qu'on ait osé le *rayer* du nombre des vivants.

LE COMPÈRE.

Le voici... il n'était qu'étourdi.

SCÈNE XX

LES MÊMES, SIGURD, *entrant, précédé de son leit-motif.*

SIGURD.

Je te reviens toujours, ô déesse éveillée
En dépit d'un rival que je ne peux souffrir.
   O Brunehild, ô ma chère âme
    C'est l'instant de choisir !...

LA WALKYRIE, parlé.

Il est certain qu'entre Sigurd et Siegfried mon cœur balance forcément sous ma cuirasse.

SIEGFRIED.

N'importe, parle...

SIEGFRIED.

AIR DE « La Belle de New-York ».

Ton cœur est-il à moi ?

LA WALKYRIE.

Je n'sais pas...

SIGURD.

Me donnes-tu ta foi ?

LA WALKYRIE.

Je n'sais pas ..

SIGURD.

Me trouves-tu mal bâti
L'air pas assez dégourdi ?
Et comment te les faut-il ?

LA WALKYRIE.

Je n'sais pas...

SIEGFRIED.

Et moi te fais-je peur ?

LA WALKYRIE.

Je n'sais pas.

SIGURD.

Doutes-tu de mon cœur ?

LA WALKYRIE.

Je n'sais pas.

SIEGFRIED.

Ne t'ai-je pas du sommeil
Tantôt sonné le réveil,
Et rendue au grand soleil ?

LA WALKYRIE.

Je n'sais pas.

SIEGFRIED.

Faut-il invoquer Wagner ?

SIGURD.

Faut-il invoquer Reyer ?

SIEGFRIED.

T'offrir la peau de Fafner ?

SIGURD.

Ou les présents de Gunther ?

LA WALKYRIE.

Je n'sais pas mais en tel cas
Entre vos deux opéras
Gailhard ne prévoyait pas
Me causer tant d'embarras !

(Sigurd, Siegfried, la Walkyrie sortent.)

LE COMPÈRE.

Voilà un ménage à trois tout indiqué. Comme
sujet d'opéra, c'est une trouvaille ; mais comme
chorégraphie, c'est maigre.

LA COMMÈRE.

Patience. La lacune est comblée par le numéro
suivant : « Grande Course de taureaux organisée
avec le concours du corps de ballet de l'Opéra,
pour fêter le passage de Sa Majesté le Roi d'Espagne »... qui, malheureusement, n'a pas eu le
loisir d'y assister.

« Au lever du rideau, le théâtre représente les Arènes de la Plaza de Toros à Madrid. »

LE COMPÈRE.

Où ça ?

LA COMMÈRE.

Ici. Au fond, le toril ; à droite et à gauche les gradins ; éclairage à giorno et, pour faire honneur à l'entrée de la cuadrilla, en scène tous les personnages de la Revue !

GRAND DIVERTISSEMENT ESPAGNOL

PERSONNAGES

Présidente de la Corrida,
Mlle ZAMBELLI.

FLAMENCAS

Mlles G. Couat, M. Rouvier, B. Mante, Perroni.

CUADRILLA

Alguazils.
Mlles de Moreira, Ricotti.

PRIMERA ESPADA

Mlle Sirède.

BANDERILLEROS

Mlles Beauvais, Barbier, Bouissavin, Guillemin.

TOREROS

Mlles Billon, L. Couat, Klein, Louppe.

PICADORES

Mlles Soutzo, Napierkowska.

PARIS, IMP. D. JOUAUST, L. CERF S^r, 12, RUE SAINTE-ANNE.